中等职业教育课程改革新形态一体化教材

根据教育部颁布的2020年版课程标准编写

体育与健康

主　编　刘生彦　薄阿维　王　英

副主编　徐桂兰　郭　莎　李　利

主　审　张建文

西安交通大学出版社
XI'AN JIAOTONG UNIVERSITY PRESS

国家一级出版社
全国百佳图书出版单位

图书在版编目(CIP)数据

体育与健康 / 刘生彦，薄阿维，王英主编. —西安 ：西安交通大学出版社，2022.8

ISBN 978-7-5693-2730-4

Ⅰ. ①体… Ⅱ. ①刘…②薄…③王… Ⅲ. ①体育-高等学校-教材②健康教育-高等学校-教材 Ⅳ. ①G807.4②G647.9

中国版本图书馆 CIP 数据核字(2022)第 140366 号

书　　名　体育与健康
　　　　　　Tiyu yu Jiankang
主　　编　刘生彦　薄阿维　王　英
副 主 编　徐桂兰　郭　莎　李　利
策划编辑　曹　昳　杨　璠
责任编辑　曹　昳　王　帆
责任校对　张　欣

出版发行　西安交通大学出版社
　　　　　　(西安市兴庆南路 1 号　邮政编码 710048)
网　　址　http：//www.xjtupress.com
电　　话　(029)82668357　82667874(市场营销中心)
　　　　　　(029)82668315(总编办)
传　　真　(029)82668280
印　　刷　陕西思维印务有限公司

开　　本　787mm×1092mm　1/16　　**印张** 17　　**字数** 252 千字
版次印次　2022 年 8 月第 1 版　2022 年 8 月第 1 次印刷
书　　号　ISBN 978-7-5693-2730-4
定　　价　49.80 元

如发现印装质量问题，请与本社市场营销中心联系。
订购热线：(029)82665248　(029)82667874
投稿热线：(029)82668502
读者信箱：812309946@qq.com

前　言

Preface

学校体育是教育的重要组成部分，学校体育必须认真贯彻“健康第一”的指导思想。2020 年 10 月 15 日，中共中央办公厅 国务院办公厅印发了《关于全面加强和改进新时代学校体育工作的意见》，要求不断深化教学改革，加强体育课程和教材体系建设，推广中华传统体育项目。基于新时代对学校体育和体育课程的新要求，根据学生身心发展特点制订教学内容、选择教学方法，有效提高学生健康水平，培养学生终身锻炼的习惯是学校体育教学工作的首要任务，也是落实“三全育人”立德树人根本任务，推进学生全面发展的主要途径和手段。

本教材紧扣《学校体育课程教学指导纲要》思维拓展的精神和要求，以《高等学校体育工作基本标准》和《关于全面加强和改进新时代学校体育工作的意见》为依据，对教材进行了大幅度修订，力图通过学校体育教学内容和方法的选择和整合，结合学生体质健康标准的要求，选择适合学生喜爱的锻炼内容，改进教学方法和手段，突出基础理论知识，传授基本技术，提高运动技能，注重运动项目健身实践应用，推广中华传统体育项目。同时，根据《普通高等学校健康教育指导纲要》的有关要求，完善了学生健康教育的主要内容。因此，本教材既可以作为职业学校体育课程参考教材，也可以作为职教学生健康教育参考教材。

本书由刘生彦和徐桂兰编写第一至第四章，薄阿维、王英编写第五、第六章，郭莎编写第七章，李利编写第八章，张建文负责整书审核。

由于编写人员水平有限，难免存在不妥之处，恳请批评指正。

编　者

2022 年 6 月

目录

Contents

第一章 体育概述

奥林匹克运动项目，是奥运会正式比赛的项目。其所隶属的国际单项体育组织必须是国际奥委会承认的，项目处于不断变化发展中。夏季奥运会项目分大项、分项、单项(或称小项)三大类。每届奥运会后，国际奥委会对比赛项目必须重新审议，决定大项、分项、小项的设置和撤销。运动项目设置遵循广泛性、普及性的原则。2008 年北京举行的第二十九届奥运会共设 28 个大项、302 个小项。而冬季奥运项目则比较稳定，2022 年北京冬奥会共设 7 个大项、15 个分项、109 个小项。

第一节 体育的概念

一、体育概念概述

体育(Physical education)一词是在19世纪60年代，由西方传入我国的，其原意为“身体教育”，是指维持和发展与身体各种活动有关联的一种教育过程。随着社会进步与体育实践的发展，派生出体育教育、竞技体育和身体锻炼三个既有区别、又有联系的内容，并逐渐形成了与教育、文化相关联的新体系，原有“体育”一词已不能涵盖具有相对独立体系的“竞技体育”和“身体锻炼”。

体育的概念随着社会的不断发展和人们对体育认识的深化而不断变化，根据中国体育发展的特点和规律，“体育”的概念是以身体练习为基本手段，以发展身体、增强体质为基本特征的教育过程和社会文化活动，包括体育教育、竞技体育和社会体育(群众体育)三方面的内容，受社会政治、经济的影响和制约，并为其服务。三者既有区别，又相互关联地构成一个整体。

关于体育的概念有多种表述：体育是一种寓教育于运动之中的社会现象，是通过运动促进人的全面发展并丰富人们文化生活的一种社会现象；体育是身体教育的或体质教育的简称，指的是教育者向受教育者传授增强体质的知识技能和运用这些知识技能实际锻炼身体的过程。体育运动是人类的特殊育化方式，是现代人的基本生存方式。因此，体育是以身体运动为基本手段，促进人的全面发展，丰富人们文化生活的社会实践活动。从广义上看，体育已经发展成体育运动、体育科学、体育产业和体育文化四位一体的社会现象。

综上所述，我们比较认同赵立根据确定体育概念的一般原则，从体育现象出发，给出的体育的概念：体育(广义的，亦称体育运动)是指以身体练习为基本手段，以增强体质，促进人的全面发展、丰富社会文化生活为目的的一种人类社会文化活动。它是社会总文化的一部分，其发展受到一定社会的政治和经济的制约，也为一定社会的政治、经济服务。

但是，对“体育”概念的争论一直没有停止。张洪潭在《体育的概念、术语、定义之解说立论》一文中认为：体育就是旨在强化体能的非生产性肢体活动；包佶在《关于体育的概念和本质的讨论》中认为“体育的本质归为人的用以强化身体素质的非生产性的身体练习”，等等，不一一列举。总之，体育的概念将随着人们认识的不断深入而发展和变化。

二、与体育概念相关的名词和定义

身体练习，是指人们为增进健康、增强体质、娱乐身心、提高运动技术水平而采取的各种具体动作的总称。其主要特点是有大肌肉参与的运动技术动作。

体质，是指人体的质量，它是在先天遗传性和后天获得性的基础上所表现出来的人体形态结构、生理机能和心理素质的综合的相对稳定的特征。体质是人的一切生命活动的物质基础。在人的整个生命活动过程中，体质表现出明显的个体差异性以及个体发展阶段性。体质的好坏受遗传变异、营养条件、身体锻炼、生活环境和生命规律的影响。因而，体质是可变的。在影响体质的诸因素中，经常地、科学地从事体育运动是最为积极有效的。体质的外延包含身体形态、体能、机能、适应能力和精神状态等。

身体形态包括体格、体型及身体姿态，是人体生长、发育水平的重要指标。

机能是指器官系统的功能。例如脉搏、血压等是反映心血管系统机能水平的指标。这些功能与人的运动能力直接相关。

体能，是指有机体在身体活动中所表现出来的能力，包括走、跑、跳、投掷、攀爬、搬运等能力，其基础是人的身体素质。人的身体素质是指人的力量、灵敏、耐力、速度和柔韧等素质。在现代，国际上比较流行健康体能的概念，其基本含义是使人保持正常生活和工作能力的身体素质，主要指力量、耐力和柔韧三大身体素质。

适应能力，是指人体在适应外界环境时所表现出来的机能能力。它包括对外界环境的适应能力和对疾病的抵抗能力。

根据我国体育工作的实际情况，我国的体育事业一般划分为三个领域，即学校体育、社会体育(群众体育)、竞技体育。

学校体育(狭义的体育)，是指在以学校教育为主的环境中，运用身体运动、卫生保健等手段，对受教育者施加影响，促进其身心健康发展的有目的、有计划、有组织的教育活动。包括各类学校的体育教学和课外体育活动等。

社会体育，是指公民自愿参加的以增进身心健康为主要目的的群众性体育活动。社会体育也称群众体育或大众体育。

竞技体育，是指在全面发展身体、最大限度地挖掘和发挥人(个体或群体)在体力、心理、智力等方面的潜力的基础上，以攀登运动技术高峰和创造优异运动成绩为主要目的的一种运动活动过程。

第二节　学校体育

一、学校体育概念

学校体育是指以在校学生为参与主体的体育活动，通过培养学生的体育兴趣、态度、习惯、知识和能力来增强学生的身体素质，培养学生的道德和意志品质，促进学生的身心健康。学校体育是教育的重要组成部分，是计划性、目的性、组织性较强的体育教育活动过程。

无论在哪种社会条件下，学校体育都受该社会的政治、经济、文化教育的影响和制约，并通过培养人才为之服务。学校体育与学校德育、智育共同组成完整的学校教育体系，是培养符合社会需要的合格人才的一项基本内容和基本途径。按照时间序列，学校体育系统的结构大致上可以划分为学前阶段体育、初等教育阶段体育、中等教育阶段体育和高等教育阶段体育四个部分。

二、学校体育构成要素

学校体育由五个主要部分或要素构成：体育教学(以体育课为主要形式)；课外体育活动(由学校或学生自行组织，以学生体育锻炼为主要内容)；运动代表队训练和各种形式的体育比赛(如班级赛、校际赛、各类选拔赛，以及参加地区和全国性比赛等)；早操和课间操(前者多由学生个人自由锻炼或学生自由组合锻炼，后者多为有组织的徒手体操活动)；科学的作息和保健措施(旨在保证学生足够的睡眠、休息和锻炼时间，同时教学生讲究卫生、注意营养、预防疾病发生等)。

三、学校体育的基本特征

(一)基础性

首先，体育教育在整个教育中具有基础性地位，是德、智、体、美教育的重要组成部分；其次，学校体育的对象是在校学生，其身心发育处于关键时期，体育有助于他们的健康成长；再次，学生阶段是生活习惯和行为养成的重要阶段，体育知识的掌握与体育习惯的养成，将为竞技体育和大众体育打下坚实的基础。

（二）普及性

学校体育以全体学生为对象，以全面传授体育知识、普及体育活动为宗旨。

（三）系统性

学校体育遵循儿童、青少年发育成长的基本规律，并根据教学规律设计教学活动；教师按照循序渐进的原则有计划地指导学生；课余体育同课堂教学一起构成体育活动体系，在潜移默化中实现教学目标。

四、学校体育的任务

第一，促进学生身体健康地生长发育；促进学生力量、速度、灵敏、耐力等身体素质的发展，增强学生走、跑、跳跃、投掷、攀岩等身体基本活动能力。以增强他们适应自然环境、抵抗疾病、克服困难的能力。第二，传授体育的基本知识、技能和方法，使学生爱好体育活动，懂得怎样锻炼身体，养成坚持锻炼身体的习惯；对有发展条件的学生进行系统的业余运动训练，为国家发现和培养优秀的体育人才。第三，结合体育向学生进行道德、品质等精神文明的教育。要教育学生认识体育对个人、民族和国家的重要意义，启发其锻炼身体的自觉性。

第三节　社会体育

一、社会体育概念

社会体育，又称群众体育或大众体育或国民体育，指职工、农民和街道居民自愿参加的，以强身、健体、娱乐、休闲、社交等为目的，一般不追求达到高水平的运动成绩，内容广泛、形式多样灵活的体育活动。

人们通常所说的社会体育，是属于体育社会学范畴的概念，它与竞技体育属同一层次，是体育的主要组成部分，也是体育的基本环节之一。在我国，社会体育通常是与竞技体育相对而言的，是除竞技体育之外的包括学校体育在内的整个体育运动。具体来说，群众体育是指以社会全体成员为对象，以增强体质、丰富余暇生活、调节社会情感为目的，形式多样的体育运动。

社会体育，是以社会全体成员为对象的、利用业余时间进行的、以健身娱乐为主要目的的、形式多样的体育运动。这个概念的表述具有四层含义：①是以健身娱乐为主要目的的；②是业余时间进行的；③是以社会全体成员为对象的；④活动形式是多样化的。

二、社会体育的分类

按区域特征分：城市体育、乡镇体育、农村体育；按年龄分：婴幼儿体育、儿童少年体育、青年体育、中年体育和老年体育；按性别分：女子体育、男子体育；按职业分：职工体育、农民体育、军人体育；按健康状况分：正常人体育、亚健康体育、病患者体育、残障人体育；按组织形式分：家庭体育、社区体育、企业体育、俱乐部体育；按场所分：室内体育、室外体育、野外体育等。

三、社会体育的特征

（一）参与对象的广泛性

以全体社会成员为对象，无论年龄、性别、爱好、职业，都可以在其中找到自己的位置。近年来弱势群体和特殊群体的体育活动不断开展，在实践上更明确了社会体育的这一内涵。

（二）活动时间的业余性

作为业余文化活动的内容之一，伴随着民众生活水平提高和闲暇时间增多，社会体育发展迅猛。

（三）活动内容的娱乐性

活动内容以群众喜闻乐见为前提，在自在、自愿的基础上进行选择，是非功利的体育活动，娱乐性质的活动在活动中占主要地位。

（四）参与目的的多样性

由于主体或需要的不同，群众体育活动可以满足健身、健美、康复、休闲娱乐、社会交往、陶冶情操等多种需要。

（五）组织形式的灵活性

由于社会体育是自愿参加，具有自发性和松散性特征；参与者人数多、范围广、素质水平差异较大，组织管理难度较大。

四、社会体育的目的和任务

通过发展社会体育，扩大体育人口，促进全民健身，可以增强劳动者的身体素质，提高劳动生产率；预防和治疗职业病或因职业养成的生理缺陷和机能障碍，提高健康水平、预防和减少疾病；改善生活环境，提高生活质量；融洽人际关系，提高适应社会的能力；丰富社会文化生活，促进精神文明建设。

五、组织方式

国家体育总局、地方体育局中的相应部门对社会体育进行宏观管理，人民团体中的社会体育组织管理本部门系统的社会体育，体育群体与社团在前两种组织的支持下承担和落实一些具体活动。一般地，社会体育多以个人和家庭、锻炼小组、单位、街区或健身俱乐部为载体实施。

中国社会体育的未来发展走向是在政府部门主导下，广泛动员社会力量，调动各方面的积极性，逐步形成全社会参与的格局，使社会体育日趋生活化、普遍化、组织化、科学化、规范化、制度化。

六、社会体育的要素

(一)人的要素

在社会体育领域，人的要素有两个含义：一是社会体育参与者；二是社会体育的组织管理者。社会体育参与者的体育需要和体育价值观念是至关重要的因素。因为他们的需要和价值观决定了他们参与社会体育的积极性和自觉性，以及在活动中的具体表现。

社会体育的组织管理者的素质决定着社会体育的整体水平，他们对社会体育的认知程度以及业务能力都会对其产生重要的影响。

(二)时间要素

空闲时间是人们参加社会体育活动的前提条件。社会成员消耗在工作、学习、家务劳动的时间越多，参加社会体育活动的时间和机会就越少。随着社会的发展，人们的空闲时间越来越长、越来越集中，人们参加体育活动，健康、积极地支配闲暇时间的机会也就越来越多。

(三)空间要素

开展社会体育的空间条件，是社会体育生存和发展的重要条件。

在拥挤的现代城市里，人们参与社会体育活动的空间越来越狭小，在城市建设和发展过程中必须要给社会体育留出必要的空间，修建适合不同人群的体育场馆，增加各种体育设施。根据调查，服务于大众的体育活动场所与家庭的距离一般不要超过 15 分钟路程。

(四)财的要素

社会体育的开展是一个消耗社会财富的过程，因此必须要有资金的投入。社会体育的投入资金有两种来源：一是将社会体育作为一种公共产品，由政府从税收和公民"微笑纳税"的体育彩票公益金中拨付；二是社会体育参与者的消费投入，如接受体育健身指导的指导费，社会体育指导员开具"运动处方"的诊治费，健身健美的培训费，参加单项体育俱乐部的会员费，场地器材的租赁费，等等。

(五)物的要素

社会体育的开展必须具备一定的物质条件。如身体锻炼消耗体力，需要补充营养，运动时需要的服装鞋帽，以及运动场地设施、运动器材等。

(六)信息要素

社会体育的信息要素的内容十分广泛，体育锻炼的科普知识、社会体育的管理经验、社会体育的新闻报道、政府关于社会体育的方针政策和法规制度，以及社会体育的科研成果等，都是信息的表现形式。

(七)管理要素

社会体育不是一种个人行为，它具有显著的社会性，因此管理是社会体育的必要因素。其管理表现在对具体活动的组织、协调、监督、指导等方面，即有效地发挥上述6种要素的综合效用，如对信息的筛选、对社群组织及活动的监督和协调、对财与物的使用的预算和审查等，利用有限的物质条件和时间条件追求最大效益。在我国，社会体育是由各级政府直接管理，群众组织、社会团体、基层单位也可参与管理。《中华人民共和国体育法》规定，"国家鼓励企业事业组织、社会团体和公民兴办和支持体育事业。地方各级人民政府应当为公民参加社会体育活动创造必要的条件，支持、扶助群众性体育活动的开展"。

第四节　竞技体育

一、竞技体育的概念

竞技体育是体育的重要组成部分，它与学校体育(体育教育)、社会体育(群众体育)共同构成了体育的主体框架，是以体育竞赛为主要特征，以创造优异运动成绩、夺取比赛优胜为主要目标的社会体育活动。也可以说，竞技体育是在全面发展身体，最大限度地挖掘和发挥人在体力、心理、智力等方面潜力的基础上，以提高运动技术水平和创造优异运动成绩为主要目的的一种活动过程。

二、竞技体育的源起

体育运动是在人类发展过程中逐步开展起来的，竞技体育同样如此。狩猎是原始人类重要的食物来源，原始人类在其长期生活实践中逐渐认识到，能否获取赖以生存的猎物取决于他们同被追击的猎物之间在速度、耐力、力量等各种身体素质和搏斗技巧的实力比较。因而他们开始有意识地培养自己的身体素质，采取了各种跑、跳、投，以及舞蹈等多种形式的身体活动，这些活动就是人们通常称作的身体练习活动。随着社会的发展，各种身体活动形式被人类不断地加以分类、提炼和总结，并相互比较，渐渐演化出了区分胜负的竞技活动。史学资料表明，人类在旧石器时代晚期已经有了初步的区分胜负的比赛意识和一定的体育竞赛形式。在原始公社末期，由于部落间的武装冲突十分频繁，为增强社会成员的作战能力，加强内部团结，常常进行不同目的的宗教活动，在世界的一些地区出现了以竞技运动为主要内容的祭祀竞赛中心，如奥林匹克赛会。

随着人类社会文明的发展，人们的价值取向逐渐由单纯的生存需要转向包括娱乐、愉悦在内的多元需要，人们出于强身健体的目的而参加竞技活动的现象越来越普遍，竞技运动的审美观念也逐渐形成，竞技运动逐渐与宗教、军事和生产活动的联系明显地减弱，成为一种更具相对独立性的社会现象。

竞技体育形成的基本动因，可以归结为以下三个方面：一是生物学因素，人们为了更好地提高自身活动能力而逐步形成竞技体育；二是个性心理因素，人的“取胜和对抗的本能”及“追求胜过对手”的动机推进了竞技运动的形成；三是社会学因素，人们逐渐认识到竞技体育在教育及培养审美等方面的功能，因此推进了竞技体育的发展。

三、竞技体育的任务

首先，挖掘人的潜能，提高运动水平。竞技体育通过长期、系统的科学训练，挖掘人的潜能，提高运动技术，以“更高、更快、更强”为追求，不断地超越人类自身。其次，满足社会文化需求。竞技体育由以娱乐为主的竞争性游戏发展而来，它可以为人们提供娱乐性和观赏性的比赛内容，满足社会大众的文化需要。再次，推动体育产业的发展。竞技体育是体育产业的重要构成部分，其任务之一是促进人类消费结构的改变，为推动体育事业发展和社会经济的繁荣作贡献。

四、竞技体育的特点

(一)竞争性

竞技体育中的“竞”是指比赛和竞争，“技”是指运动技艺。运动员参加比赛的能力称为竞技能力。竞技体育是运动员较量竞技能力的体育活动，激烈的竞争性就成为竞技体育区别于其他体育活动的最本质的特点之一。竞技体育的参加者总是力求最大限度地发挥自己的潜能去战胜对手，争取比赛的优胜。竞争性是竞技体育不断发展的推动力，它增加了比赛胜负的不确定性，使得竞技体育更具魅力。

(二)公平性

竞技体育的竞争应在公平的条件下进行。也就是说，竞技体育比赛应该合情合理，不偏袒任何一方的参赛者。没有公平竞争，竞技体育就失去了存在的价值。为保证运动员公平公正地进行竞争，首先要制定出体现公平并为公众所认可的竞赛规则。同时，竞赛的组织者要对比赛项目、时间、地点、场地器材、运动员的参赛资格、运动员的参赛行为，以及比赛组织裁判工作作出公平而明确的规定。

(三)规范性

现代竞技体育的发展，要求运动员必须具有高度完美的技艺，否则就难以取得比赛的胜利。高度的技艺性是竞技体育赖以存在的基础，但高度的技艺又是以对技术、战术和各种训练的规范性要求为前提建立起来的。竞技体育的规范性还表现在各个竞技体育项目的竞赛规则、竞赛规程等制约机制的规范性和竞技体育全方位管理的规范性等方面。竞技体育的规范性是其不断壮大并更加国际化的基本条件。

(四)协同性

竞技体育是一种高度组织化、协同化的群体行为。竞技体育每一个目标的实现，都是以运动员、教练员为主体的有关人员通力协作的结果，是科研人员、管理者、队医等全力配合的结果。在集体运动项目中，这种协同性表现得更加突出。竞赛活动的进行，不仅需要运动员、教练员与裁判员彼此之间的默契配合，还需要参赛单位、竞赛主办方、观众等各方面的相互理解与合作。

(五)公开性

现代信息技术与传媒的发展，使重大比赛活动能同时吸引全球数以亿计观众的关注。竞技体育具有比一般社会活动更为公开的特点。新的运动技术和训练方法都无一例外地必须在比赛中公开展示，这些技术与方法将成为人类共享的财富。正是由于竞技体育的这种公开性，才促进着竞技体育的不断创新和发展。正因为如此，竞技体育才受到社会舆论的监督而保持良性运行的机制。

(六)娱乐性

竞技体育项目大多是从以娱乐为主要目的的游戏中发展而来的。现代竞技体育日益增强的竞争性，加上对竞技体育的商业化操作，大大增强了竞技体育的观赏娱乐性。不仅参加者可以通过表现自我并战胜对手而获得胜利的喜悦，而且观众也可以通过观看体育比赛，从日常紧张的工作和生活中解脱出来，获得一种轻松的感觉和美的享受。竞技比赛呈现的人体的美感、力量和拼搏精神都给人极大的振奋和鼓舞，观看体育比赛已经成为广大群众业余时间最好的休闲方式之一。

(七)功利性

由于锦标的存在以及锦标背后承载的其他内涵，对于参与竞技运动的运动员来说，竞技体育不再像游戏和娱乐那样，仅仅是为了个人消遣和娱乐。竞技体育的功利性能引导他们获得相应的社会地位和经济地位，也成为他们生活中艰苦和压力的源头，给身心带来高度的紧张。正是由于竞技运动的这一特征，带来了世界范围内职业体育的空前繁荣。

五、竞技体育的构成

从不同实践过程来看，竞技体育包含着运动员选材、运动训练、运动竞赛和竞技体育管理四个有机组成部分。

(一)运动员选材

运动员选材是竞技体育的开始，是挑选具有良好运动天赋及竞技潜力的儿童少年或后备力量参加运动训练的起始性工作。选材时，应注意考虑各个运动项目的特点，力求使用科学的测试和预测方法，努力提高选材的成功率。

(二)运动训练

运动训练是为提高运动员的竞技能力和运动成绩，在教练员的指导下，专门组织的、有计划的体育活动。运动训练既是竞技体育的组成部分，也是实现竞技运动目标的最重要途径。

(三)运动竞赛

运动竞赛是在裁判员主持下，按统一的规则要求，组织与实施的运动员个体或运动队之间的竞技较量，是竞技体育与社会发生关联，并作用于社会的媒介。运动员通过训练不断提高的竞技能力，只有通过运动竞赛的形式表现出来，才能得到社会的承认，满足社会成员的需要。

(四)竞技体育管理

无论是运动员选材、运动训练，还是运动竞赛，都必须在专门的管理体制组织管理下才能得以实施并得到理想的效果。因而，竞技体育管理也是竞技体育的一个重要组成部分。

六、奥林匹克运动

奥林匹克运动兴起于欧洲资本主义工业化时代，但其渊源可以追溯到古希腊的奥林匹克运动会。古代奥运会为祭祀希腊的万神之王——宙斯神而设立，每四年一届，在古希腊最著名的宗教祭祀圣地——奥林匹亚举行。

为了系统了解奥林匹克运动，人们把它分为古代奥林匹克运动和现代奥林匹克运动。

(一)古代奥林匹克运动

古代奥运会产生于古希腊。公元前 776 年首届古奥运会在奥林匹亚召开。古代奥运会自公元前 776 年的第 1 届至公元 394 年，历时 1170 年，共举行了 293 届。在第 1 届古代奥运会仅有一个比赛项目，距离约为192.27 m的场地跑。自那时起，规定 4 年举行 1 次。

每届奥运会均在能容纳 5 万观众的奥林匹亚运动场上举行。比赛场均为 200 m×30 m。也有专门供运动员居住和训练的地方。最初只有短跑一项比赛，后来逐渐增加了长跑、跳远、标枪、铁饼、角力、5 项全能(跑、跳远、铁饼、标枪、摔跤)、拳击、赛马和赛车等 24 个项目。

(二)现代奥林匹克运动会

从 1889 年开始，在后来被人尊称为“奥林匹克之父”的法国教育家皮埃尔·德·顾拜旦(Pierre de Coubertin)的倡导和努力下，恢复了中断一千多年的奥运会，并于 1896 年 4 月 6 日—15 日，在希腊雅典举办了第一届现代奥运会。

正式的冬季奥林匹克运动会始于1924年。1994年起，冬奥会与夏奥会以2年为相隔交叉举行。冬季奥运会与夏季奥运会的举办地点在不同的国家举行。

至今，现代奥运会(夏季奥运会)共举办了31届，其中，1940年第十二届、1944年第十三届夏季奥运会因第二次世界大战爆发未举办，第32届东京奥运会因2020年爆发新型冠状病毒性肺炎全球性疫情被推迟到2021年7月举办。冬季奥运会举办了23届。

(三)奥林匹克思想体系

(1)《奥林匹克宪章》(Olympic Charter)，是国际奥委会制定的关于奥林匹克运动的最高法律文件。宪章对奥林匹克运动的组织、宗旨、原则、成员资格、机构及其各自的职权范围和奥林匹克各种活动的基本程序等作了明确规定。这个法律文件是约束所有奥林匹克活动参与者行为的最基本标准和各方进行合作的基础。

(2)奥林匹克格言（Olympic Motto)，亦称奥林匹克口号。“更快、更高、更强、更团结”是奥林匹克格言，它充分表达了奥林匹克运动所倡导的不断进取、永不满足的奋斗精神。它不仅表示在竞技运动中要不畏强手、敢于斗争、敢于胜利，而且鼓励人们在自己的生活和工作中不甘于平庸，要朝气蓬勃、永远进取、超越自我，将自己的潜能发挥到极限。

(3)奥林匹克宗旨，是“通过没有任何形式的歧视并按照奥林匹克精神——以互相理解、友谊、团结和公平比赛精神的体育活动来教育青年，从而为建立一个和平的更美好的世界做出贡献”。

(4)奥林匹克精神(Olympic Spirit)，就是相互了解、友谊、团结和公平竞争的精神。奥林匹克精神对奥林匹克运动具有十分重要的指导作用。

(5)奥林匹克标志(Olympic Logo)，是由《奥林匹克宪章》确定的，也被称为奥运五环标志。它由5个奥林匹克环套接组成，可以是单色，也可以是蓝、黄、黑、绿、红5种颜色。环从左到右互相套接，上面是蓝、黑、红环，下面是黄、绿环。整个造型为一个底部小的规则梯形。奥林匹克标志不仅象征五大洲的团结，而且强调所有参赛运动员应以公正、坦诚的运动员精神在比赛场上相见。

(四)中国与奥林匹克运动

1. 旧中国与奥林匹克运动

1894 年 6 月 23 日国际奥委会成立。1896 年，第 1 届奥运会的圣火在希腊雅典燃烧。赛前，国际奥委会的一封邀请函寄至清政府，可当时正值中国甲午战争战败，被迫签订丧权辱国的《马关条约》，清朝统治者根本无暇顾及奥运赛事。

1932 年在美国洛杉矶举行的第 10 届奥运会，在张学良将军的资助下，派出了三人代表团，代表沈嗣良，选手刘长春，教练宋君复。刘长春参加了 100 m、200 m 比赛，开创了我国参加奥运的历史记录。

1936 年在德国柏林举行的第 11 届奥运会，中国 78 名选手在马约翰教练的带领下参加了比赛，参加项目有田径、游泳、举重、拳击、自行车、篮球及足球，另外还有一个武术表演队。最后只有符保卢通过了撑竿跳高及格赛。

1948 年在英国伦敦举行的第 14 届奥运会，因受经费限制，运动员分批从上海、香港出发赴伦敦，足球队、篮球队为了筹募代表队的经费，沿途安排了表演比赛，以宣慰侨胞，并希望解决部分旅费。

2. 新中国加入奥林匹克运动大家庭

中华人民共和国成立后，为了抗议国际奥委会制造“两个中国”阴谋，中华人民共和国于 1958 年 8 月 19 日的一封致国际奥委会的信函中宣布退出了奥林匹克运动。

1971 年 10 月，中华人民共和国在联合国安理会的席位得到了恢复。由于种种原因，直到 1979 年，中华人民共和国的奥委会才再一次获得了国际奥委会的正式承认。

3. 我国参加奥运会的获奖经历

1984 年 7 月在美国洛杉矶举行的第 23 届奥运会，中国著名运动员许海峰获得男子 60 发自选手枪的金牌，打破了中国在奥运会上金牌“零”的记录。

在23届奥运会上，我国选手共获得15枚金牌，8枚银牌，9枚铜牌，取得了历史性的突破。

之后从第24届到第32届奥运会共九届奥运会，我国都派出强大的阵容参加，共获得250枚金牌，186枚银牌，164枚铜牌。

4. 中国成功举办第29届奥运会

2008年8月8日—24日，北京成功举办了第29届奥运会。在本届奥运会的金牌榜上，作为东道主的中国体育代表团历史性地超越美国，升至金牌榜首位，并且金牌总数突破了50大关，远远超过了上届奥运会的32枚，奖牌总数也首度达到100枚。中国健儿在本届盛会所取得的无数个历史性的突破，已经全面改写了奥运历史。

北京奥运会的举办，掀起了群众健身的热潮，有力地推动了我国全民健身运动的开展。为了满足广大人民群众日益增长的体育需求，为了纪念北京奥运会成功举办，2009年1月7日，国务院批准，从2009年起，每年8月8日为“全民健身日”。同年8月30日，国务院颁布了《全民健身条例》。

5. 中国举办第24届冬季奥运会

2022年北京携手张家口举办了第24届冬奥会。

第五节　体育欣赏

一、体育欣赏概述

体育欣赏是指人们在工作学习之余，欣赏体育表演、比赛以陶冶情操，得到身心两方面积极性休息的一种活动。体育欣赏可分为直接欣赏和间接欣赏。直接欣赏指去体育比赛现场观看比赛，而间接欣赏则指通过大众传播媒介观看体育比赛。

随着现代社会物质文明和精神文明的高度发展，人们的业余生活越来越丰富，对业余生活质量的要求也越来越高。特别是在高节奏、高效率的工作压力下，需要不断调节生活节奏、自我放松、愉悦身心。

运动竞赛是体育运动的显著特征，它不仅有着强烈的竞争性，而且还具有很强的技艺性、教育性和观赏性。随着社会的进步、商业性体育的兴起，以及新闻传播媒介的迅速发展，同亲身参与体育活动一样，一种被称为信息消费的体育——观赏体育应运而生。而欣赏体育比赛、体育表演，则成为人们业余生活中不可缺少的重要内容，它给人们带来越来越多的视觉享受。

运动竞赛和体育比赛中运动员尽善尽美的表演，健、力、美和谐的统一，鲜明的节奏，默契的配合，表现出诗意的情感、艺术的造型，给人以美的享受，令人忘掉忧愁和烦恼，有效地调整失去平衡的心理，改善人的心理和情绪，使人朝气蓬勃、充满活力、增进健康。

体育欣赏给人们提供了一个学习运动员拼搏进取、无私奉献、为国争光等精神的大课堂。在体育比赛中，运动员你追我赶、每分必争、每球必夺，不经过奋力拼搏，要战胜对手、夺取胜利是不可能的。正因为如此，“更快、更高、更强、更团结”就成了现代奥林匹克运动的口号，它充分表现了体育的竞争意识，这种竞争意识反映了人类勇于接受挑战，敢于拼搏，勇于胜利的气概和人们征服自然、改造社会、超越自我的理想。

二、如何欣赏体育竞赛

(一)从技术、战术角度欣赏体育竞赛

从运动技术、战术的角度欣赏体育竞赛，会使人联想到现代社会的许多事业都需要人们像赛场上的运动员那样刻苦努力、明确分工、真诚合作，才能成功。

1. 竞技技术欣赏

在球类比赛中，篮球、排球、乒乓球、足球、网球、羽毛球等球类运动发展的速度非常快，新技术不断出现。如篮球比赛中的跳起空中换手投篮、勾手投篮、补篮，以及单手、双手正(反)扣篮、投三分篮等，我们还可以欣赏运动员传接球、运球、突破、抢篮板球等技术和防守技术。欣赏足球比赛时，我们特别偏爱精彩的射门，但能不能达到进球的目的，还要看运动员的传接球、控制球、运球过人等基本技术掌握得怎样，其技术越高，射门的次数就越多，获胜的可能性就越大。排球比赛中除了常见的基本技术(移动、传球、发球、扣球、拦网等)之外，快球技术发展也很快，比较常见的有近体快球、短平快球、远网快球等。优秀的网球选手在比赛中击球速度快，底线抽球落点准、角度大，来回球数量多，同时还具有好的发球及网前技术。

各项体育运动均是由一系列的技术动作组成的。每个项目都有其自身的技术特点，我们在欣赏体育比赛时不仅要注意运动员完成技术动作的情况，更应当欣赏运动员是如何利用自身的有利条件形成独特技术特点的。

2. 竞技战术欣赏

体育比赛中的战术是指比赛双方根据赛场情况变化，正确分配体力，采取合理行动，充分发挥自己优势，限制对方特长，以期达到取得比赛胜利的目的。不同的体育比赛具有不同的战术特点。

在田径比赛中，战术要根据自己的特点和对手的情况而定，如中长跑的体力分配、速度安排、跟跑、最后冲刺等；在跳高比赛中，为节省体力和给对手以心理压力所使用的免跳和选择起跳高度等。在对抗性强的球类

运动中，战术更是灵活多变、复杂多样。足球比赛中战术的运用，首先是选择适合本队特点及运动员体力和技术水平发挥的比赛阵型，同时也要考虑双方力量对比及其他客观条件(场地、气候等)。

(二)从人体能力和运动精神的角度观赏体育竞赛

竞技体育运动最大限度地发挥了人体运动潜能。通过平时训练的积累，运动员在体育比赛中所表现出来的、大大超过常人的运动能力和水平是非常吸引人的。例如，把 7.26 公斤的铅球推出 20 m 开外；9 秒多就能跑完 100 m；2 小时 8 分钟多就能跑完 42.195 km 的“马拉松”全程路程；能够举起相当于自己体重 3 倍的绝对重量；高高跃起超过自己身高几十厘米的横竿等。运动员在比赛中顽强拼搏、勇于进取的意志品质以及团结协作、密切配合的集体主义精神会使人们受到启迪。人们在观赏运动员的技艺和能力的同时也会对运动员的外貌、风度、动作、习惯、爱好等方面产生兴趣，甚至着迷。有些人把某个运动员当作自己心中的偶像来崇拜，许多优秀运动员的成长过程会使人们受到有益的启迪和鼓舞。

(三)从体育文化的角度观赏体育竞赛

现代竞技体育比赛已经成为一种影响最大的全球性活动，体育比赛的内涵和外延更加深刻丰富，它的意义已超出比赛本身，充满了时代精神和人生哲理。所以从体育文化的角度来观赏体育比赛，会使人们在观念、思维、情趣等方面得到净化和升华。

人们在观赏比赛时总是会感到时代的脉搏，领会到时代的精神。优胜劣汰是体育竞赛的本质属性，参赛各方在强与弱、优与劣、先进与落后、正确与错误、创新与守旧等方面进行竞争，从广义上讲，竞争更是人类进步和社会发展的强大动力。人们应从体育竞争中认识竞争，学习和适应竞争，竞技体育比赛在培养人们的竞争能力，激发人们的竞争意识方面有着独特的作用。正是由于竞技运动所具有的独特作用和魅力，使竞技体育比赛更具观赏性。

(四)从体育美的角度欣赏体育竞赛

1. 对身体美的欣赏

大部分运动项目对于体育竞赛的观众来说，首先映入眼帘的是运动员的身体形态，所以说对身体美的欣赏是最基本、最直观的欣赏。身体美，是人类健康的身体所呈现的美，它是一种由机体良好的生理和心理状态综合显示出的健康之美，是生命灌注之美。身体美不仅包括人体表面形态的美，还包括骨骼、肌肉、皮肤、毛发等影响人体表面形态的构件，并涉及音容笑貌、服装饰物等与表现身体美有关的所有方面，还包括一些潜在的美的因素，如速度美、素质美等。

2. 对运动美的欣赏

运动美是身体的运动之美，是人们在体育活动中表现出的美，是社会文化生活的反映，它是一种特殊的审美对象。感受运动美，需要懂得一定的运动知识，特别是竞赛运动知识，并以理解人体运动的潜力和限度为前提；表现运动美，不但要掌握知识，还必须亲自参加体育活动的具体实践。运动美的特点在于准确、干净、敏捷、协调、连贯、舒展而富有节奏，给人以“增之一分则多，减之一分则少”的感受。

运动中各种动作表现在姿势与结构上的美，是在空间相对稳定时显现的，像连续放映的影片突然定格，具有类似雕塑艺术的立体的直观性特征。

3. 对风格美的欣赏

风格美，一般包括两个方面的内容，即技术风格和思想风格。

技术风格美，包括运动员(队)在技术、战术上所表现出的特长与特点之美，亦是技术、战术风貌和格调上的特性之美。各个运动员(队)根据各自的特点创造出与众不同的风格，构成了自己独特的技术风格之美。

思想风格美，是指运动员在运动竞赛中所体现的思想品质、道德修养、行为作风等综合的社会意识美。人们在观赏运动竞赛中，看到运动员(队)的良好的思想风格时，也往往深受感动，产生共鸣而享受到一种意识形态美。

思考题

1. 体育的概念。
2. 学校体育工作的基本标准都有哪些？
3. 竞技体育的任务与特点有哪些？
4. 体育欣赏的意义是什么？

知识窗

竞技体育的起源，实际上与古希腊的社会情况有着密切的关系。战争需要士兵，士兵需要强身健体，而体育是培养能征善战士兵的有力手段。因为连续不断的战事使人们感到厌恶，普遍渴望能有一个休养生息的和平环境，于是，为准备兵员的军事训练和体育竞技，逐渐变成和平与友谊的运动会。因此，这也是体育自带“爱国、坚韧、拼搏”的原因。

第二章 学校体育

体育是学校教育的重要组成部分，习近平总书记指出，“要树立健康第一的教育理念，开齐开足体育课，帮助学生在体育锻炼中享受乐趣、增强体质、健全人格、锤炼意志”。学校体育是我国社会主义体育事业的基础。因此，把学校体育作为发展我国体育事业的重点，并从孩子抓起，具有深远的意义。

第一节 学校体育的目的、目标与任务

一、学校体育的目的

体育是学校教育的重要组成部分。学校体育以体育课、运动竞赛和课余锻炼为基本手段，通过身体练习，增强学生体质，促进身心和谐健康发展；培养学生从事体育锻炼的意识、兴趣、习惯和能力，使学生享受体育的乐趣，学会健身方法，为终身体育奠定良好的基础；对大学生机体进行科学的培育，注重学生终身体育意识的提高，培养自觉锻炼的习惯，发展运动技能和培养良好的意志品质，达到身心健康；同时，注重人格、道德素养、意志品质和社会适应能力的培养和提高，使其成为具有时代精神的、德智体美劳全面发展的社会合格人才。

二、学校体育的目标

2018 年 9 月，习近平总书记在全国教育大会上指出要树立健康第一的教育理念，开齐开足体育课，帮助学生在体育锻炼中享受乐趣、增强体质、健全人格、锤炼意志。2002 年教育部颁布的《全国普通高等学校体育课程教学指导纲要》中规定：学校体育课程的性质是大学生以身体练习为主要手段，通过合理的体育教育和科学的体育锻炼过程，达到增强体质、增进健康和提高体育素养为主要目标的公共必修课程；是学校课程体系的重要组成部分；是高等学校体育工作的中心环节。体育课程是寓促进身心和谐发展、思想品德教育、文化科学教育、生活与体育技能教育于身体活动并有机结合的教育过程；是实施素质教育和培养全面发展的人才的重要途径。学校体育课程目标分为基本目标和发展目标两个层次，每个层次均包含运动参与、运动技能、身体健康、心理健康和社会适应五个领域的目标。

(一)基本目标

基本目标是根据大多数学生的基本要求而确定的，分为五个领域目标。

(1)运动参与目标：积极参与各种体育活动并基本形成自觉锻炼的习惯，基本形成终身体育的意识，能够编制可行的个人锻炼计划，具有一定的体育文化欣赏能力。

(2)运动技能目标：熟练掌握两项以上健身运动的基本方法和技能；能科学地进行体育锻炼，提高自己的运动能力；掌握常见运动创伤的处置方法。

(3)身体健康目标：能测试和评价体质健康状态，掌握有效提高身体素质、全面发展体能的知识与方法；能合理选择人体需要的健康营养食品；养成良好的行为习惯，形成健康的生活方式；具有健康的体魄。

(4)心理健康目标：根据自己的能力设置体育学习目标；自觉通过体育活动改善心理状态、克服心理障碍，养成积极乐观的生活态度；运用适宜的方法调节自己的情绪；在运动中体验运动的乐趣和成功的感觉。

(5)社会适应目标：表现出良好的体育道德和合作精神；正确处理竞争与合作的关系。

(二)发展目标

发展目标是针对部分学有所长和有余力的学生确定的，也可作为大多数学生的努力目标，分为五个领域目标。

(1)运动参与目标：形成良好的体育锻炼习惯；能独立制订适用于自身需要的健身运动处方；具有较高的体育文化素养和观赏水平。

(2)运动技能目标：积极提高运动技术水平，发展自己的运动才能，在某个运动项目上达到或相当于国家等级运动员水平；能参加有挑战性的野外活动和运动竞赛。

(3)身体健康目标：能选择良好的运动环境，全面发展体能，提高自身科学锻炼的能力，练就强健的体魄。

(4)心理健康目标：在具有挑战性的运动环境中表现出勇敢顽强的意志品质。

(5)社会适应目标：形成良好的行为习惯，主动关心、积极参加社区体育事务。

为实现体育课程目标，应使课堂教学与课外、校外的体育活动有机结合，学校与社会紧密联系。要把有目的、有计划、有组织的课外体育锻炼、校外(社会、野外)活动、运动训练等纳入体育课程，形成课内外、校内外有机联系的课程结构。

(三)学校体育的组织实施

《学校体育工作条例》规定，学校体育工作是指普通中小学校、农业中学、职业中学、中等专业学校、普通高等学校的体育课教学、课外体育活动、课余体育训练和体育竞赛。并规定了体育课是学生毕业、升学考试科目。上述规定中的学校体育工作是我国学校体育的基本组织形式。不同的形式都有其各自的特点和需要完成的首要任务，既有各自独特的作用，又有相互补充、促进共同任务完成的作用。

1. 体育课程

体育课程是完成学校体育工作任务的主要组织形式。我国职业学校体育课程是以《全国普通中等专业学校体育课程教学指导纲要》(下称《纲要》)为依据组织实施的。《纲要》规定普通学校各个年级必须开设体育课程，并提出《纲要》是编写体育教学大纲，进行体育课程教学、评估和管理的依据。根据学校教育的总目标和体育学科的规律，有针对性地开设体育课。

2. 课外体育活动

学校的课外体育活动是体育课程的延续和补充，是学校体育教育过程中不可分割的环节，是实现学校体育的目的和任务的又一重要途径。课外体育活动包括早操、课间操、班级体育锻炼、体育课课外辅导、运动会及有组织的郊游等。课外体育活动的内容应以《国家学生体质健康标准》和体育课学习的内容为主，再结合自己感兴趣和喜好的一些其他项目。时间可长可短，因人、因地、因时而异，以振奋精神、活跃情绪、不过于疲劳且能坚持锻炼为原则。可独立按个人计划完成，也可在教师指导下进行，或加入体育社团(俱乐部、体育协会)等组织进行锻炼。

3. 课余运动训练

课余运动训练是利用课余时间，对部分身体素质较好并有某项运动专长的学生进行系统训练的一种专门教育过程。它是学校体育的主要组织形式之一。它一方面肩负着提高运动技术水平、创造优异成绩、参与校外交往、为校争光的光荣使命，另一方面又承担着指导普及、促进学校体育运动蓬勃开展的艰巨任务。

4. 课余体育竞赛

学校体育竞赛包括校内竞赛和校外竞赛。体育竞赛具有竞争性的特点，可以起到活跃课余文化生活、振奋人心、激发情感、发展人际交往等作用，并且是检验体育教学、体育锻炼及运动训练效果的一种重要手段，而且也是吸引广大学生参加体育活动的一种好形式。学校体育竞赛应以育人为宗旨，以校内竞赛为主，特别是以经常开展小型多样的基层竞赛为主，坚持勤俭节约的原则。通过体育运动竞赛，检验学校的体育工作，培养学生勇敢顽强、拼搏进取、开拓创新、团结协作、遵纪守法等优良品质和集体荣誉感，增强体育意识，提高运动技术水平，培养和选拔体育运动的优秀人才。通过开展各种形式的校际竞赛活动，还可以扩大学生的视野，提高社会交际能力。

三、学校体育的任务

培养健康合格的社会建设者是体育教学的宗旨，随着社会的不断进步，学校体育的任务也随之转变，落实立德树人和“三全育人”，促进学生的健康成为学校体育的首要任务。

(一)增强学生体质，促进学生身心健康

增强学生体质是学校体育的根本任务。强健的体质是人们进行各种活动的前提，体质的增强包括人体各个系统机能的提高，它是一个长期锻炼的过程。

全面增强学生体质在于一个长期的、有目的的系统运动和练习，要在保证学生生长发育的前提下，实现体格健美；增强免疫力，促使学生精力充沛，生命力旺盛，为学习和生活提供保证。

(二)促使学生努力掌握体育的基本知识、基本技能，培养终身体育意识

教会学生科学的身体锻炼方法，培养学生终身参加体育锻炼的兴趣、能力和习惯。在科学的指导下，培养学生掌握体育知识和技能、养成良好习惯、发展思维。

引导学生正确地从事体育锻炼，通过身体练习，激发学生的运动兴趣，培养学生自觉进行体育锻炼的习惯，为终身体育奠定基础。

(三)落实立德树人根本任务，培养学生道德意志品质

在体育课中对学生进行思政教育，通过运动的组织形式及身体练习来对学生进行道德意志品质的教育，提高学生的思想品德修养水平。体育锻炼的本身就包含两种运动形态：一是娱乐性的运动；二是磨炼人意志品质的运动，如有氧健身跑等。

(四)培养学生审美和创造美的能力

体育运动的魅力在于参加者高超的技艺和完美的形体，培养学生欣赏体育运动的审美能力，进而能在欣赏中受到启发和感染，能自觉地创造美。

(五)培养学生的竞争意识，提高学生的社会适应能力

现代社会竞争日趋激烈，努力培养学生的竞争意识和社会适应能力，有助于学生走出校门，更好地适应社会。体育锻炼能增加人与人接触和交往的机会，促进人与人的相互了解，培养学生的群体适应能力，为踏上社会做准备。在体育活动过程中，既存在交往与合作，又存在着相互竞争的现象。这种在体育活动过程中形成的交往、合作和竞争的意识，以及行为会直接或间接地影响学生的日常生活、学习和今后的工作与社会生活。

第二节　学校体育的地位与作用

《中华人民共和国教育法》(2021 修正)第五条规定:“教育必须为社会主义现代化建设服务、为人民服务，必须与生产劳动和社会实践相结合，培养德智体美劳全面发展的社会主义建设者和接班人。”明确了德智体美劳全面发展的教育方针，明确了体育在教育中所担负的特殊任务和重要地位。体育是我国教育的重要组成部分，也是我国社会主义建设中的一项重要事业，是国民体育的基础。它对培养社会主义建设人才，发展我国体育事业，提高学生体质健康水平，建设校园体育文化具有重要意义。学校体育在高等教育中具有重要的、不可替代的地位和作用。

2020 年 10 月，中共中央办公厅、国务院办公厅下发《关于全面加强和改进新时代学校体育工作的意见》指出:“学校体育是实现立德树人根本任务、提升学生综合素质的基础性工程，是加快推进教育现代化、建设教育强国和体育强国的重要工作，对于弘扬社会主义核心价值观，培养学生爱国主义、集体主义、社会主义精神和奋发向上、顽强拼搏的意志品质，实现以体育智、以体育心具有独特功能。”明确说明学校体育在教育中具有重要的地位，是其他课程和教育方式不可替代的。

学校体育的地位与作用是根据学校体育在现阶段所能发挥的作用和建设事业来决定的。

一、学校体育的地位

根据我国目前的体育教育制度，学校体育是学生接受学校体育教育的最后阶段。因此，学校体育既是教育的重要组成部分，又是学校体育与社会体育的连接点，是国民体育的重要基础。它不仅对实现高等教育目标，培养全面发展的高素质人才有着重要作用，而且对丰富和发展群众体育，实现全面健身战略计划亦有着举足轻重的带动和指导作用。

学校体育之所以成为教育的组成部分，是由体育本身在教育和培养的系统中所具有的价值和作用决定的。整个教育过程就是德、智、体、美、劳诸育相互补充、相互配合、协调统一地作用于教育对象的过程，这是时代教育发展的客观规律。

(一)在培养全面发展专门人才中的地位

随着现代科技的发展，社会生产方式和劳动力结构发生了根本的改变，社会发展对教育培养人才提出了新的需要，德、智、体、美、劳“五育”并重的教育思想逐步受到了重视。英国哲学家、教育学家洛克在论述教育内容时，对教育的三个组成部分做了明确区分，并要求将实际的锻炼法，分别贯穿在德、智、体“三育”的过程中。斯宾塞在他的《教育论》中也对体育进行了专门分析，提出了重视青少年健康和体育锻炼的思想，大力提倡儿童户外运动。他们的教育理论，反映了体育作为全面教育的组成部分的自然科学规律。作为高等教育组成部分的高校体育，必须与德育、智育、美育和劳动教育相结合，在培养全面发展的合格专门人才中发挥更大作用，才能与高校体育在高等教育中的重要地位相匹配，满足社会发展对人才的需要。

(二)在发展我国体育事业中的地位

学校体育是我国社会主义体育事业的基础。各国的科学研究和体育实践表明，国民体质的增强和竞技运动水平的提高，是一个系统的、循序渐进的过程，违反科学规律的身体锻炼和运动训练，都难以取得理想的效果。为此，把学校体育作为发展我国体育事业的战略重点，并从孩子抓起，具有深远的意义。

国民体质的强弱关系到国力的强弱和民族的兴衰。学生时期正处于机体生长发育的旺盛阶段，而体育锻炼正是促进身体发育的重要因素。因此，努力抓好学校体育工作，加强学生的体育锻炼，促进学生的生长发育，增强学生的体质和健康，不断提高国民体质和健康水平。

高校体育可使学生全面掌握体育知识、技能，培养终身体育意识、养成终身锻炼习惯，在步入社会后，仍可以为促进社会性群众体育的开展发挥重要的作用。

(三)在社会主义精神文明建设中的地位

学生是我国人口的重要组成部分，是我国现代化建设的后备高级专门人才。他们的思想境界和道德风貌，将对整个社会带来深远影响。突出学校体育在精神文明建设中的地位，有利于推进我国社会主义精神文明建设。

体育的教育功能，是通过体育运动的实践过程来体现的。多种形式的校园体育活动，多种运动刺激，对培养灵活的思维能力、丰富的想象能力、敏锐的观察能力、良好的注意力和记忆力都有重要的作用，从而促进智力的发展，为学习文化知识和完成学业打下良好的基础。

体育作为一种文化现象，本身就包含着健与美的和谐统一。求知欲强、积极上进且思维活跃的学生，不仅追求物质生活，而且对精神文化生活有着更迫切的需求。丰富多彩的课余体育活动能使校园文化生活充满活力，能满足大学生身心全面发展的需要。开展好大学生体育活动和竞赛，为学生创造满足文化生活需求的园地，吸引更多的学生参加有利于身心健康的体育活动，可以培养学生勇敢、顽强的意志品质，团结协作的责任感、荣誉感和爱国主义精神，对培养学生高尚的道德情操具有深远的意义。

(四)在培养人的现代社会意识中的地位

现代社会为人类的文化需求和精神需要提供了充分的条件。体育作为广义文化的重要内容，必然受到社会的高度重视。因此，一个国家体育的普及程度就成为衡量国民生活质量和文明修养水平的重要标志。参加体育运动是妥善安排闲暇时间的重要生活方式，不仅可以增进健康，还可以焕发精神，享受生活乐趣。

体育运动不分民族、职务和社会地位的高低，参加者都是在公平的前提下进行竞争，是人与人之间最透明的交往活动。在体育活动中人的喜怒哀乐都能充分表现出来，这样便能有效地促进人的个性发展。在竞赛中胜不骄、败不馁，尊重对手、尊重裁判都能受到公众的鼓励。这对培养人的文明行为、社交能力和公平竞争意识具有积极的作用。运动项目又有其各自的特征，参加不同的运动项目，可产生不同的情感体验：武术练习可体验中国的传统文化，增强民族自信心；野外活动可增进学生理解自然、亲近自然和热爱自然的情感，培养保护环境的现代社会意识。

二、大学体育的作用

大学体育在“全员育人、全过程育人、全方位育人”的“三全育人”中具有不可替代的作用，体育教师、教练员在体育教学、业余训练、体育比赛、课外锻炼等过程中，对学生的身体、心理、道德、人格、思想品质等进行全方位教育。大学体育的具体作用主要表现在以下几个方面。

(一)增强学生体质，提高健康水平

学生正处在青春期，是身心发展的关键时期，通过高校体育教育能有效地促进学生身体的正常发育，增强体质，提高健康水平，并塑造健美体态；掌握各种基本活动技能；提高身体基本活动能力；提高对外界的适应能力和对疾病的抵抗能力；促进智力，发展创造力，从而以强健的身体和充沛的精力保证当前的学习和迎接未来的工作。

(二)促进学生个性全面发展

高校体育教育包括体育课、课外体育锻炼、训练与竞赛等形式，在使学生学习、掌握体育基本知识、基本技术、基本技能和增强体质的同时，也在培养和发展着学生高尚的道德、健全的人格、良好的品质和个性。

(三)提高学生的体育素养

学生经过十几年的体育教育，比较系统地学习和掌握了体育的基本理论、基本技能和科学锻炼身体的方法，提高了学生的体育意识、素养和综合能力，为终身体育奠定了基础。

(四)培养优秀体育人才

由于高校在科研、师资、场地等方面具有较好条件，加之学生在体能、智能上也有一定优势，因此对部分体育基础较好，并有一定专项运动才能的学生进行有计划的业余训练，不断提高运动技术水平，既培养了体育骨干，又进一步推动了高校体育活动的开展；既丰富了校园文化生活，又培养了体育人才。

第三节　校园体育文化

一、校园体育文化概述

（一）文化释义

一般来说，文化有狭义和广义之分。狭义的文化，主要指人类社会意识形态及与之相适应的制度和设施；广义的文化，指人类所创造的物质财富和精神财富的总和及其创造过程。严格地说，“文化”一词是一个发展变化的历史概念。

（二）体育文化

体育文化，是关于人类体育运动的物质、制度、精神文化的总和。大体包括体育认识、体育情感、体育价值、体育理想、体育道德、体育制度和体育的物质条件等。

体育文化是伴随着体育的历史而源起的。体育的历史与人类的历史一样源远流长。在人类文明的历史长河中，体育文化是一个逐渐发展的过程。人类如何将动物运动和本能创造为一般认同的人类运动和竞争形式的体育活动，这是一个十分复杂的过程。

校园是学生学习和生活的主要空间，校园文化建设的好坏，直接影响到育人的成败；校园体育文化是校园文化的重要组成部分，校园体育文化的建设情况，直接影响到学校体育活动的开展，与学生的身心健康有很大的关系。良好的校园体育文化环境可以陶冶学生的情操，纠正学生的不良行为，是学生身心发展的必要条件。由此可见，校园体育文化建设的重要性。

（三）校园体育文化

校园体育文化是一种特别的文化现象，它既是校园文化的一部分，又是体育文化的一部分。

校园体育文化是以学生为主体的，以课外体育文化活动为主要内容，以校园为主要空间，以校园精神为特征的一种群体文化。校园体育文化作为一种社会文化，是在一定社会政治、经济、文化、教育等条件下，由学校广大师生在实践过程中共同创造的体育物质财富和精神财富的总和。

学校体育文化由三个层面组成。第一个层面是精神层面，居于主导地位，其中体育健康价值观是学校体育文化的本质和核心，决定了学校体育的目标；第二层是制度、方法层面，这个层面既是学校体育的组织形式，也是学校体育意识的体现，包括体育教学、课余体育活动、体育科学研究、体育竞赛、体育协会、体育交流等全方位制度、方法的确立；第三层物质方面，这是学校体育文化的基础，也是客观物质保障，包括校园的体育建筑、环境、场地器材、用品和师资队伍等。以上三个层面在学校体育文化建设过程中，应当在“以人为本”的基础上获得协调发展。

二、校园体育文化的功能和作用

(一)校园体育文化的功能

1. 健身功能

校园体育文化作为学校特有的文化现象，在高校已蓬勃发展，体育运动不仅能改善和提高人体中枢神经系统的工作能力，而且能使人保持清晰的思维，形成良好的记忆能力。人们在体育锻炼的过程中，能使自身的血液循环加快，心脏功能提高。呼吸系统的功能改善促进骨骼、肌肉的生长发育。学生处在生长发育阶段，要参加适合自己的体育运动项目，为以后的健康打下良好的基础。

2. 教育功能

(1)导向功能。所谓导向功能就是把高校成员的业余体育文化生活引导到正确的方向上来。良好的校园体育文化环境使他们正确选择自己喜爱的体育项目，接受先进思想，逐步健康地成长起来。青少年精力旺盛、爱好体育、喜欢表现，而校园体育文化为他们提供了一个培养创造力，释放能量的广阔天地。积极参加校园体育文化活动，充分发挥创造力是学生业余时间消耗能量的重要途径，如果教师加以正确引导，不仅使他们在体育方面能得到锻炼，同时在其他方面也会得到同样的提高。

(2)凝聚功能。校园体育文化的客观存在，关系着一个学校体育工作的生存发展。这是因为，校园体育文化(特别是作为校园体育文化内核的校园体育精神与校园价值体系)是学校凝聚力和向心力的所在。

校园体育文化的凝聚力、向心力问题，目前愈来愈受到人们的重视。一所学校要在激烈的社会竞争中立于不败之地，除了高质量的体育教学、高水平运动队在各种竞赛中所取得的成绩、高水平的管理等“内功”外，还要靠这种由校园体育精神所凝聚成的极大的集体合力、奋发向上的群体意识和学校成员的主观能动性。因此，良好的校园体育文化还可以使人感到全身充满着青春活力，有一种令人振奋、催人向上的力量。

(3)陶冶功能。学校教育的本质就是使学生通过文化价值的摄取，获得人生意蕴的全面体验，进而陶冶自己的情操。在这方面，校园体育文化比起正规的教育、教学更具有独特的功能，原因在于：①校园体育文化创造了一个陶冶人们心灵的场所，对学校各方面教育起着指导性作用；②体育比赛各种规则的适用与对个人的限制，对生活在其中的每一个人起着陶冶情操与规范行为的作用。由于当代青少年生活的环境比较复杂，所以必须利用各种场所对其进行思政教育，在校园体育文化实践中许多学校把环境作为有效手段或教具加以利用，取得了明显的成效。因此重视校园体育设施的投入，使广大学生能有较好的活动场所，对陶冶学生的情操具有良好的推动作用。

3. 社会功能

(1)社会同化功能。所谓“同化”是指一个人自愿地接受他人的观点、信念、态度和行为，使自己的态度与之相接近。校园体育文化的社会同化功能，其实就是校园成员个体社会化的过程。现行的学校教育，其实现的目标之一就是促进校园成员的个体社会化，而这种个体社会化的内容与要求是和校园体育文化的“教化”目标一脉相承的。因为校园体育文化的深入发展可以使校园个体与社会环境之间达到平衡和协调，从而实现对人的身体、精神、心灵、性格的塑造，达到社会化的目的。

(2)社会辐射功能。这里所指的辐射，是指校园体育文化的文化态势高于社区的总体文化态势时就要对其产生影响。学校是传播精神文明的场所，其文化层次和“品位”较周围地区相对要高。从个体而言，一个人求学深造的结果，除获取各种社会知识和专业知识之外，接受了精神文明的熏陶，具有良好的思想文化素质和文明行为，一旦步入社会势必对他人产生影响；从群体而言，一所学校就是一个整体，它综合了每个个体的素质，在文化上达到了社会文化的制高点。就校园体育文化而言，广大学生在学校学习几年以后走上社会，利用自己在校园里所学的体育知识、技能技术向社会辐射，补充了社会上与社区内不具备的东西。再一个就是学校坐落于一定区域之内，因此，它对周围社会文化的辐射影响，既有广度又有深度，并且具有其他文化无法比拟的功能优势。

4. 情感功能

(1)娱乐功能。娱乐功能也称消遣功能或称调适功能。对学校成员的生活和精神来说，校园体育文化是一种很好的调节剂，学校校园处处是体育。这是体育项目特有的功能。体育文化生活作为校园文化的一部分，它不仅可以作为紧张学习工作之余的体力、脑力恢复的调节剂，而且还可以进一步作为人们娱乐、享受、愉悦身心的调节剂。如象棋、体育舞蹈、健美操、太极拳、各种体育竞赛等，在校园生活中始终是人们喜闻乐见的具体调节形式。这些形式近似一种消遣，但从生理和心理的需要来看，通过身体放松、竞技、欣赏科学和大自然等为丰富学校成员的精神文化生活提供了可能性。因为消遣为人们提供了激发基本才能的变化条件。

(2)审美功能。审美功能又称美化功能，它可以说是推动人类自身发展的一种内驱力。体育比赛的终极目的就是让人们去欣赏美，绝不可能以比分多少去论英豪，而无止境地追求胜负，只是暂时的一种现象。校园体育文化的审美功能是看不见摸不着的，它融在校园成员的情感体验之中。校园是充满情感的校园，校园体育文化的丰富，充实了人们的精神境界，同时也提高和美化了人们的精神境界。如果没有情感的熏陶、审美的内化，学生的精神世界将会贫乏、平淡、单调，在校园中的生活就不会有光彩和美感。因此，要使每一个学生的心灵美丽、充实、丰富，就必须重视校园体育文化的审美功能，通过情感和美感的力量使他们茁壮成长。对当代大学生来说，丰富而健康的精神文化活动，为学生充分地表现自己提供了机会和条件，培养学生的审美情趣，从中得到多样化的体验，并极力按照美的规律塑造自己。在引导和鼓励学生追求仪表的同时，我们应注重教育学生对自然美、体型美、艺术美等的向往与追求，培养学生高尚的道德情感和审美情趣，推动社会主义精神文明建设不断向前发展。

(二)校园体育文化的作用

1. 强身怡情，增进学生身心健康

增进健康，促进学生身心发展是学校体育的本质功能，也是学校体育最根本的目的。同时，学生可以通过体育活动来发泄自己的不良情绪，从而也达到了调节心情的目的，这对学生身心健康发展是有利的。

2. 教育熏陶，改变学生的不良行为

文化具有育人功能，当人处在一个文化环境中，他就会受到文化的熏陶，潜意识当中就会约束自己的行为，校园体育文化作为一种文化，自然也具有这样一种功能。规则是体育的重要组成部分，学生在参加体育活动时，就要遵守体育规则，违反规则就要受到惩罚，从而督促他们改变自己的不良行为。

3. 激励学生，提高学生从事体育活动的热情和积极性

良好的校园体育文化环境可以提供一个良好的体育氛围，从而鼓舞学生参加体育活动。譬如学校宣传栏当中的体育新闻、体育明星，都可以从精神上鼓励学生参与体育活动。

4. 培养学生的竞争意识，增强与人合作的观念，加强学生的集体观念

竞争是体育文化的典型特征，学生在参加体育竞赛和体育锻炼的过程中，从本质来说就是一种与他人竞争的过程，从而培养自己的竞争意识。在团体项目中，只有加强与队友的合作才能取得比赛的胜利。在这些项目

当中，团队的荣誉是第一位的，在这一过程中加强了学生与他人合作的意识，增强了学生的集体观念。

5. 培养学生良好的品质

体育活动不是一个简简单单的过程，学生在从事体育活动的过程中，会遇到困难、伤痛和伤病，只有克服它们才能真正享受体育的快乐。因此，通过体育活动可以培养学生吃苦耐劳、克服困难、挑战自我、超越自我等良好的意志品质。

思考题

1. 学校体育的地位与作用都有哪些？
2. 校园体育文化的功能有哪些？

知识窗

校园体育文化是以学生为主体，以课外体育文化活动为主要内容，以校园为主要空间，以校园精神为主要特征的一种体育文化。校园体育文化作为一种社会文化，也是在一定社会政治、经济、文化、教育等条件下，由学校广大师生在实践过程中共同创造的体育物质财富和精神财富的总和。学生通过对校园体育文化的深入了解，能激发浓厚的爱国主义情怀和民族凝聚力。

第三章

运动竞赛常识

知识窗

运动竞赛是各种体育运动项目比赛的总称，是在裁判员的主持下，按统一的规则要求，组织与实施的运动员个体或运动队之间的竞技较量，是竞技体育与社会发生关联，并作用于社会的媒介。中国把开展运动竞赛作为促进体育运动普及和提高的重要措施，不但经常参加国际比赛，还在国内建立了竞赛制度并逐步完善。此外，中国还注重基层单位群体比赛。

第一节 运动竞赛的种类与方法

运动竞赛是以运动项目为主要内容，在特定的场地范围内，在裁判员的主持下，依据统一的规则，为争取优胜而专门组织与实施的运动员个体或运动队之间的竞技较量比赛。

一、运动竞赛的种类

运动竞赛的种类很多，由于分类的原则不同，分类的方法也不相同。本章从学校类体育运动竞赛和竞技类体育运动竞赛进行介绍。

(一)学校类体育运动竞赛活动

学校类体育运动竞赛活动是指在学校范畴内所开展的体育运动竞赛活动。参赛者主要是学生和教师，学校体育运动竞赛以育人为宗旨，突出教育特色。其目的是增强学生的体质，推动体育健身活动的开展，为培养新一代建设人才服务。学校体育运动竞赛活动应根据学校教学工作计划安排和学校体育设施条件以及传统性项目来组织进行。同时学校体育运动竞赛还应注意到本校学生的特点和开展体育活动的情况，有针对性地安排比赛活动。

1. 单项赛

单项赛是指为广泛吸引学生参加某项运动(如篮球、足球、排球、乒乓球等)，检查和总结该项运动开展的情况，交流教学、训练经验，促使该项运动提高而组织的比赛。一般可按年度、学期来安排比赛活动。

2. 对抗赛

对抗赛是在两个或两个以上的学校或班级联合组织的比赛。一般是在邻近的学校之间或年级、班级之间进行。其目的是互相学习，共同提高，增进友谊。可以有双边、多边、定期、不定期的比赛。

3. 选拔赛

选拔赛是为了发现和挑选队员，组织或补充代表队，准备参加高一级的比赛而举行的竞赛活动。

4. 友谊赛(又称邀请赛)

友谊赛是指由一个或几个学校、班级，邀请其他学校、班级进行的体育竞赛活动。目的是为了增进友谊和团结，互相学习和提高运动水平，以推动和普及学校体育活动。一般均属非正式的比赛活动。

5. 测验赛(又为达标赛)

测验赛是指为了检查学生是否达到规定的成绩标准，了解其成绩提高的情况而组织的比赛。例如，国家学生体质健康标准、身体素质、基本技术测验比赛等。还包括优秀运动员争取通过大赛参赛标准的达标赛。这种比赛一般不计名次，但必须按比赛规则和测验的要求进行，并记录测验的成绩。

6. 表演赛

表演赛是指为举行庆祝或纪念活动，或宣传某体育运动项目的意义、锻炼价值，或对某运动项目的技术、战术进行演示、介绍而组织的比赛。参加者重在表演运动技巧，而不过分追求胜负，一般不计名次，比赛时间也可适当延长或缩短。表演赛可安排在节假日进行。

7. 运动会

运动会是指有若干不同运动类别或项目的规模较大的竞赛大会，如全国大学生运动会等。田径运动的竞赛习惯上也叫运动会，如陕西省大学生田径运动会。在学校或基层单位举行较多的是田径运动会。目前，很多学校把田径运动会通过增加项目、延长时间等方式逐渐改为体育运动会，这种形式实际也是综合性运动会。

(二)竞技类体育运动竞赛

竞技类体育运动竞赛活动是指国际、国内高水平竞技和职业竞技运动竞赛，包括世界、洲际、全国、省(市)的比赛活动。如国际奥委会组织的奥林匹克运动会(简称“奥运会”)、国际各单项运动协会或联合会(国际足联、篮联、田联等)组织的世界杯赛，以及洲际杯赛等。这类竞赛也叫社会性竞赛，主要包括如下几项竞赛。

1. 奥林匹克运动会

奥林匹克运动会是在奥林匹克主义指导下，以体育运动和四年一度的奥林匹克运动会庆典为主要活动内容，以促进人的生理、心理和社会适应能力全面发展，增进各国人民之间的相互了解，在全世界普及奥林匹克主义，维护世界和平为主要目的的国际社会运动。

2. 世界杯赛

世界杯赛是由国际各单项运动协会组织的单项运动竞技比赛，如由国际足联组织的四年一度的世界杯足球赛等。

3. 洲际杯赛

洲际杯赛是由洲际各单项运动联合协会(如欧洲足联、亚洲篮联等)组织的单项运动竞技比赛，如洲际足联组织的洲际足球赛等。

4. 冠军赛

冠军赛是指进行一个运动项目的比赛，并以确定个人或团体冠军为竞赛目的的活动，又称“单项锦标赛”。

5. 联赛

联赛是根据运动队的运动等级水平分别举办的比赛，一般以集体性项目为主，如足球、篮球等运动项目的等级联赛(比如美国职业篮球联赛、中超联赛等)，通常是一年举行一次。每届联赛比赛结束后，按竞赛规程规定的将成绩较好或较差的队，实行升降级，即乙级优胜队可晋升甲级队，而甲级队中失败者则下降为乙级队，分别参加下一次所属级别的联赛。

6. 等级赛

等级赛是按不同运动等级水平或年龄分别举办的竞赛活动。如田径、体操等项目中分别按运动员的技术等级(健将、一级、二级、三级)进行比赛。

7. 锦标赛

锦标赛通常是举行一个运动项目的比赛，故又称“单项锦标赛”。一般由各单项运动协会或主管体育运动的政府机关举办。地方和基层单位也可组织各项运动的锦标赛。

8. 杯赛

杯赛属锦标赛性质，是以某种奖杯命名的单项运动竞赛活动，如“丰田杯”足球赛。获得奖杯的方式、方法在竞赛规程中予以规定。根据竞赛目的不同，其规定的方法也各有不同，有的在奖杯上刻上优胜者名字，有的保存奖杯至下届此赛归还再颁发给本届比赛优胜者，有的获得复制品等。

9. 公开赛

公开赛是凡愿意参加比赛的个人或集体均可自由报名参赛的一种群众性竞赛活动。参赛者不限哪一单位或体协，可以自由组合，这种比赛一般是在该运动项目群众基础好，开展比较普及，并利用节假日举行，以丰富广大群众的娱乐生活。

10. 综合性运动会

综合性运动会是一系列单项锦标赛的综合形式，即包括若干个运动类别或项目的规模较大的竞赛大会。其任务与运动会相同，综合性运动会的特点是项目多、规模大(参加单位较全面，竞赛时间长)、组织工作复杂，如世界性的奥林匹克运动会、亚洲运动会等。

二、运动竞赛的方法

运动竞赛的方法包括循环赛法、淘汰法和混合法三种，通常也被称为“赛”或“制”，如循环赛、循环制、淘汰赛、淘汰制等。

(一)循环法

1. 循环法的种类

循环法是指参赛队(或个人，下同)之间，都要互相比赛，最后按照各参赛队在全部比赛中的胜负场数、得分多少排定名次的比赛方法。它在对抗性项目比赛中经常被采用。运动竞赛采用循环法进行比赛，优点是所有参赛队机会均等，进行比赛和互相观摩学习的机会多，能准确地反映出参赛队之间真正的技术水平的高低，客观地排定参赛队的名次，比赛结果的偶然性和机遇性小。

循环法包括单循环、双循环和分组循环三种类型。单循环是所有参赛队（人）相互轮赛一次；双循环是所有参赛队（人）相互轮赛两次；分组循环是参赛队（人）较多时，根据参赛队（人）的基本情况，采用相应的“种子法”，把强队（人）分散在各组，先进行小组单循环赛，再根据小组名次来组织第二阶段的比赛。

2. 循环法的轮数与场数计算

(1)循环法的轮数。当所有参赛的队都赛完一场（轮空队除外），称为循环赛的一个轮数。正确地计算循环法轮数，是科学、合理地安排整个比赛所需时间或期限，合理安排比赛日程的主要依据。

当 N 为偶数时：$Y=N-1$　即：轮数＝参赛队数－1（N＝参赛队数，Y＝轮数）；

例如：8 个队参加单循环赛，比赛总轮数为：8－1＝7（轮）。

当 N 为奇数时：$Y=N$　即：轮数＝参赛队数；

例如：7 个队参加单循环赛，比赛总轮数为 7 轮。

（注：双循环比赛的轮数是单循环轮数的加倍）。

(2)循环法的场数。循环法的场数是指参赛队之间互相轮流比赛全部结束的总场数。计算循环法的比赛总场数，目的在于提前安排好人力、物力、比赛日程与场地。

单循环赛场数的计算公式：总场数＝ $N(N-1)/2$，N 为参赛队数或人数。

例如：8 支队参加单循环赛，比赛的总场数是 8×(8－1)/2＝28。

双循环赛场数的计算公式：总场数＝ $N(N-1)$，N 为参赛队数或人数。

例如：8 支队参加单循环赛，比赛的总场数是 8×(8－1)＝56。

(二)淘汰法

1. 淘汰法的种类

淘汰法，即参赛各方按照排定的竞赛次序，两两之间捉对比赛，比赛的负者失去继续比赛资格，胜者进入下一轮比赛。比赛逐轮进行，直至最后一场。最后一场比赛的胜者为整个竞赛的冠军。

淘汰法可分为单淘汰、双淘汰、交叉淘汰三种。淘汰赛一般有两种情况：一种是按一定顺序，让参赛者(队或组)一个接一个地表现其成绩，可以不同时、不同地进行，通过及格赛、预赛、复赛、决赛来淘汰差的，比出优胜名次。这在田径、游泳和举重等项目中采用较普遍，因为这些项目均属计量性项目。另一种是对抗性项目，如球类、摔跤、拳击、击剑等比赛，必须一对一对地按淘汰表的顺序进行比赛，每次胜者进入下一轮，直到最后一对决定冠军。

淘汰法最为明显的特点有两种：其一是比赛的容量大，它能在最短的时间内、较少数量的场地条件下，安排大量的选手进行比赛；其二，比赛具有强烈的对抗性，比赛双方没有妥协的可能性，非胜即败，败一次将失去进入下一轮比赛的资格。一般来说，比赛双方既不受第三者影响，也不会影响其他选手的成绩，能较充分地体现出运动竞赛的竞争特性。

淘汰赛也存在着一系列缺陷。例如，除第一名外，很难合理地排定其他参赛者的名次；强者之间很可能在前几轮就遭遇一次失败即被淘汰的情况，造成名次排列上的不合理现象；参赛者之间互相交流、学习、比赛机会少。

为弥补上述缺陷，在实际竞赛中，人们已经运用一些对策和措施，使之能部分或基本上克服淘汰赛的不合理现象。

①运用“种子”、分区、抽签和定位等方法，使强者或同一单位参赛者之间避免过早相遇。

②采用补赛法(又称附加赛)，以帮助确定第 2 名以后的名次(见图 3 - 1 - 1)。

③增设双淘汰赛。失败两场方被淘汰。

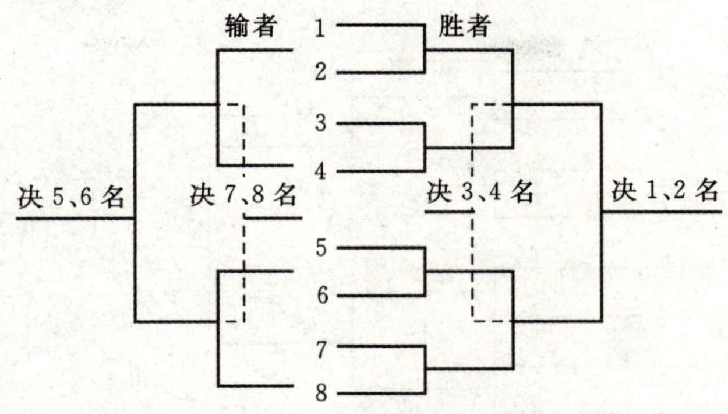

图3-1-1 附加赛示意图(虚线为补赛)

2. 淘汰法的轮次、场数计算与号码位置的选择

(1)单淘汰的轮次、场数计算。所谓单淘汰，就是运动员(队)按排定的秩序由相邻的两名参赛者进行比赛，胜者进入下一轮，负者淘汰，直到唯一一名未被淘汰的参赛者，就成为这次竞赛的冠军。

单淘汰赛轮次和场数计算方法：若参加比赛队数等于2的乘方数，则比赛轮次等于2的指数；若参加比赛队数不是2的乘方数，则比赛轮次为略大于参加队数的2的指数。

单淘汰赛的比赛场数=参赛者(队)数-1

例如8支队参加比赛，比赛场数为8-1=7。轮次因$8=2^3$，即比赛为3轮(见图3-1-2)。

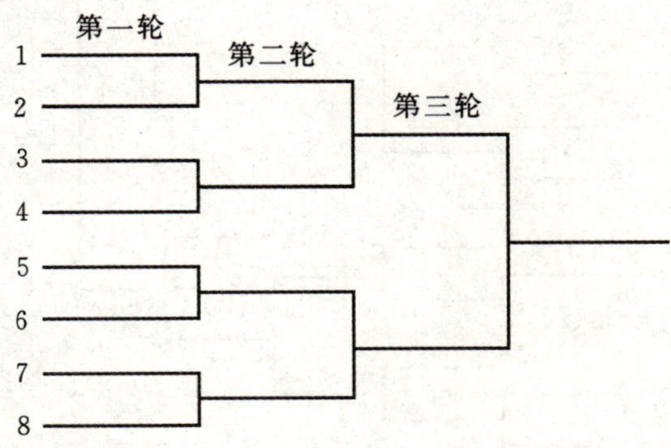

图3-1-2 8支队单淘汰赛顺序示意图

又如7支队参加比赛，比赛场数为7-1=6。轮次是略大于7的2的乘方数，即8，而$8=2^3$，所以比赛也为3轮(见图3-1-3)。

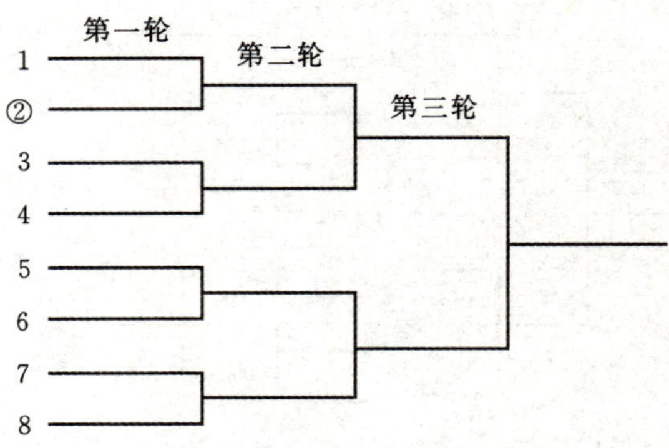

图 3-1-3　7 支队单淘汰赛顺序示意图(②为轮空)

(2)双淘汰的轮次、场数计算。运动员按编排的秩序进行比赛，失败两场即被淘汰，最后失败一场为亚军，不败者为冠军，这种比赛方法称为双淘汰。

胜方轮次与单淘汰赛相间，负方轮次为参赛者数对 2 的乘方数的 2 倍减 2；双淘汰比赛场数为参赛者数的 2 倍减 3。

例如 8 支参赛队进行双淘汰赛，需 7 轮、13 场比赛。其排列如图 3-1-4 所示。

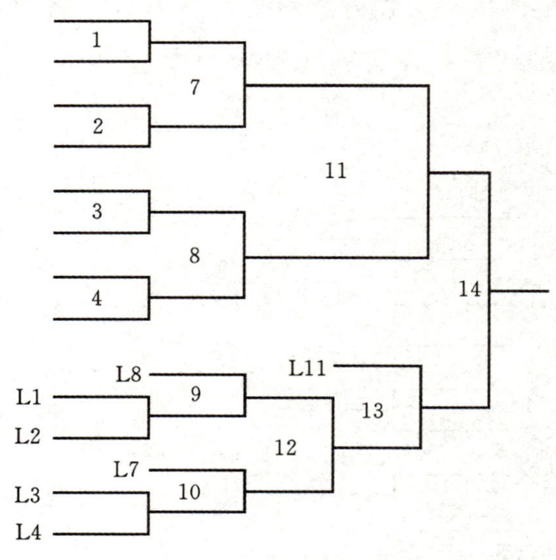

图 3-1-4　双淘汰比赛秩序

(引自体育院校通用教材．运动竞赛学．北京：人民体育出版社，2008.)

(3)淘汰赛号码位置的选择。在淘汰赛中安排参赛者(队)位置的号码称“号码位置”。由于参赛者的人数不一定恰好是2的乘方数，在确定淘汰赛的号码位置时，应根据参赛队数(或人数)，选择最接近的较大或较小的2的乘方数作为号码位置数。

例如123人参赛，使用较大的128(2^7)个号码位置，则出现轮空号码。129人参赛，选择较小的128个号码位置，则出现有的号码要抢号。

(三)混合法

混合法比赛是循环法和淘汰法混合运用的一种竞赛方法。它在球类集体项目的竞赛中采用较多。当参赛队在12～18个时，选用混合法比赛最为适宜。一般比赛分两个阶段，第一阶段用分组循环进行预赛，后一阶段采用交叉淘汰进行决赛；或者预赛采用分组淘汰赛(排出名次)，决赛使用循环法。

第二节 运动竞赛的组织与编排

一、运动竞赛的组织

比赛主办单位应根据竞赛性质和规模的大小，召集各有关部门成立比赛领导机构——组织委员会(或筹备委员会)，并就比赛的组织方案、竞赛规程、工作计划、组织机构等主要文件，提交领导机构审定。

1. 讨论和确定组织方案

根据上级主管部门的竞赛工作计划和竞赛的性质来确定组织方案。一般包括以下内容：竞赛的名称、目的和任务；竞赛的规模；竞赛的组织机构；竞赛的经费预算。

2. 制定竞赛规程

竞赛规程是为组织和参与运动竞赛者制定的各种政策条文的总称，是所有组织者和参加者必须共同遵守的制度和章程，是组织运动竞赛的依据，具有高度的权威性和指导性。竞赛规程运动竞赛得以顺利进行的重要保证，是竞赛组织者、裁判员、工作人员和运动员必须共同遵守的准则，是组织运动竞赛的依据。竞赛规程是在竞赛前由主办单位制定，并提前发给有关单位以便做好准备工作。竞赛规程一般包括的内容有：①竞赛的名称；②运动会的目的、任务；③竞赛日期、地点；④参加单位及组别；⑤竞赛项目；⑥参加办法(包括参加条件、参加人数、报名和报到日期)；⑦竞赛方法和采用的竞赛规则；⑧计分及奖励办法；⑨参加单位的注意事项。

3. 竞赛期间的工作

竞赛组每天应及时公布成绩；场地组应经常对比赛场地、器材和设备进行检查和管理，以便保证竞赛顺利进行；后勤保卫组应经常注意比赛场地的安全和秩序。大会各部门应经常与各队取得联系，听取意见，改进工作，必要时召开领队、教练员和裁判长联席会议，及时处理和解决比赛中发生的问题。

4. 有关竞赛赛程、表格的制订

二、运动竞赛的编排

(一)循环法比赛的编排

1. 轮次表的安排方法(逆时针轮转法)

单循环比赛的轮次、顺序的安排方法具有可变性的特征，不同的竞赛项目应根据其不同的特点和需要进行安排，通常采用具有一定规律的“逆时针”“顺时针”轮转法。特殊情况下还可采用特殊性的编排调整方法。在循环比赛顺序的编排方法中，比赛顺序的变化和调整是多种方式的。

如果参赛队(或个人)为偶数时，一般都采用此法来安排各轮的比赛轮次表。以 8 支队参加比赛为例，其第一轮比赛表是先将 1、2、3、4 号自上而下依次排列在左侧，再将 5、6、7、8 号自下而上与 4、3、2、1 号对应排列在右侧，而后用横线分别将左右两个对着的号码连起来，即为第一轮的比赛轮次表(见表 3-2-1)。第二轮的编排将第一轮比赛轮次表中的 1 号固定不动，其余号码按逆时针方向依次轮转一个位置，即为第二轮比赛轮次表。以后各轮次按此方法以此类推。

表 3-2-1 逆时针轮转法比赛轮次表

第一轮	第二轮	第三轮	第四轮	第五轮	第六轮	第七轮
1—8	1—7	1—6	1—5	1—4	1—3	1—2
2—7	8—6	7—5	6—4	5—3	4—2	3—8
3—6	2—5	8—4	7—3	6—2	5—8	4—7
4—5	3—4	2—3	8—2	7—8	6—7	5—6

如参赛队数(人)是奇数时，编排方法同上。如 7 支队参赛，比赛轮次表如表 3-2-2 所示。

从表 3-2-2 中可以看出此法编排存在问题：当参赛队为较大的奇数时，号码为“$n-1$”的参赛者或参赛队从第四轮起，每一轮将与上一轮比赛的轮空队进行比赛，直至比赛结束。显然，在对抗激烈、体能要求较高的项目比赛中，从第四轮开始，“$n-1$”号队的对手均为以逸待劳，对“$n-1$”号队明显有失公平。

表 3-2-2　逆时针轮转法比赛轮次表(0 为轮空)

第一轮	第二轮	第三轮	第四轮	第五轮	第六轮	第七轮
1—0	1—7	1—6	1—5	1—4	1—3	1—2
2—7	0—6	7—5	6—4	5—3	4—2	3—0
3—6	2—5	0—4	7—3	6—2	5—0	4—7
4—5	3—4	2—3	0—2	7—0	6—7	5—6

2. 单循环的抽签及编排竞赛日程

(1)单循环比赛的抽签定位方法。单循环赛根据队数及相应的轮转方法编排好轮次后，应将比赛队具体安排进轮次表里，通常情况下把比赛队安排进轮次表，可以采用以下两种方法。

抽签的方法。在对参加比赛队的实力情况全然不知，或竞赛规程规定抽签时必须采用该方法，抽签时按参赛队数做好相加的号签，抽到相应号码的队则对号入座，按抽签结果排入轮次表内。

成绩顺序法。如果知道各参加比赛队的实力情况(即各参赛队或个人近期竞赛成绩的排名顺序)，一般将各参赛队年度比赛的名次排列作为各队进入名次表的代号。

(2)单循环比赛的比赛日程表。单循环轮次表填好后，把各轮次的比赛编成比赛日程表(比赛的日期、场地等)印发给各队(见表 3-2-3)。

表 3-2-3　比赛日程表

日期	时间	组别	比赛队	场地

3. 双循环比赛的编排

双循环赛比赛轮次表的排法与单循环相同，只要排出第一循环，第二循环可按第一循环重复一次即可。

4. 分组循环比赛的编排

参加比赛的队较多而竞赛时间较短时，为了比较合理地确定名次，可采用分组循环的比赛方法。将参赛的队平均分成若干个小组，在各小组内进行单循环比赛，然后根据需要和实际情况，再使各组的优胜队或同名次队进行单循环比赛，排出最后名次。

(二)淘汰法比赛的编排

1. 轮空的方法

在淘汰赛中，当参赛者(队)人数小于选用的号码位量数时，没有安排参赛者(队)的号码为轮空号码。轮空数的计算方法为

轮空数=号码位置数-参赛者(队)人数

轮空号码的定位，应查照“轮空位置表”(见表 3-2-4)。

表 3-2-4 轮空位置表

2	225	130	127	66	191	194	63
34	223	162	95	98	159	226	31
18	239	146	111	82	175	210	47
50	207	178	79	114	143	242	15
10	247	138	119	74	183	202	55
42	215	170	87	106	151	234	23
26	231	154	103	90	167	218	39
58	199	186	71	122	135	250	7
6	251	134	123	70	187	198	59
38	219	166	91	102	155	230	27
22	235	150	107	86	171	214	43
54	203	182	75	118	139	246	11
14	243	142	115	78	179	206	51
46	211	174	83	110	147	238	19
30	227	158	99	94	163	222	35
62	195	190	67	126	131	254	3

查表方法：根据参赛者(队)数，选择最接近的，较大的乘方数作为号

码位置数，用该号码位置数减去赛者(队)数，即为轮空数。然后，计轮空数目，在轮空位置表中逐行横向由左向右依次摘出小于比赛号码位置数的号码，即为轮空号码。

例如有 123 人参加比赛，应选用 128 个号码位置，128－123＝5(轮空数)，从表内由左向右逐行依次摘取小于 128 的 5 个号码数：2，127，66，63，34 即为轮空号码位置。

2. 抢号的方法

淘汰赛中，当两个参赛者(队)用同一个号码位置时，就出现“抢号”。抢号的运动员(队)，实际上就是不轮空的运动员(队)。由于参赛者(队)的人数稍大于 2^n，采用安排轮空的方法，就可能出现太多的轮空位置，给编排、竞赛等带来很大麻烦。因此，可采用抢号的方法进行编排。抢号的方法是选用最接近的、较小 2^n 作为号码位置数，超过号码位置数的参赛者(队)安排抢号。抢号的号码亦可查“表 3－2－4 轮空位置表”。

如有 34 位运动员参加比赛，选用 32($32=2^5$)个号码位置，则应有 2 个号码位置进行抢号(34－32＝2)。由轮空位置表上查得 2 个轮空号码是 2、31，这两个号码即为抢号号码。

3. 分区的方法

把全部号码位置分成几个相等的部分，称为“分区”。例如，将全部号码位置分成两半，称为上半区和下半区；将上、下半区的号码位置再各分成两半，称为 1/4 区；将各 1/4 区的号码位置再各分成两半，称为 1/8 区，依此类推。

在淘汰赛中，为使同一单位的参赛者不过早相遇，要把他们合理地分开，安排在不同的区内。例如，同一单位的第 1、2 号运动员应分别排在上、下半区；第 3、4 号运动员则应分别排在没有第 1、2 号运动员的另外两个 1/4 区；第 5、6、7、8 号运动员，应分别安排在没有第 1 至 4 号运动员的另外四个 1/8 区内，依此类推。如图 3－2－1 所示。

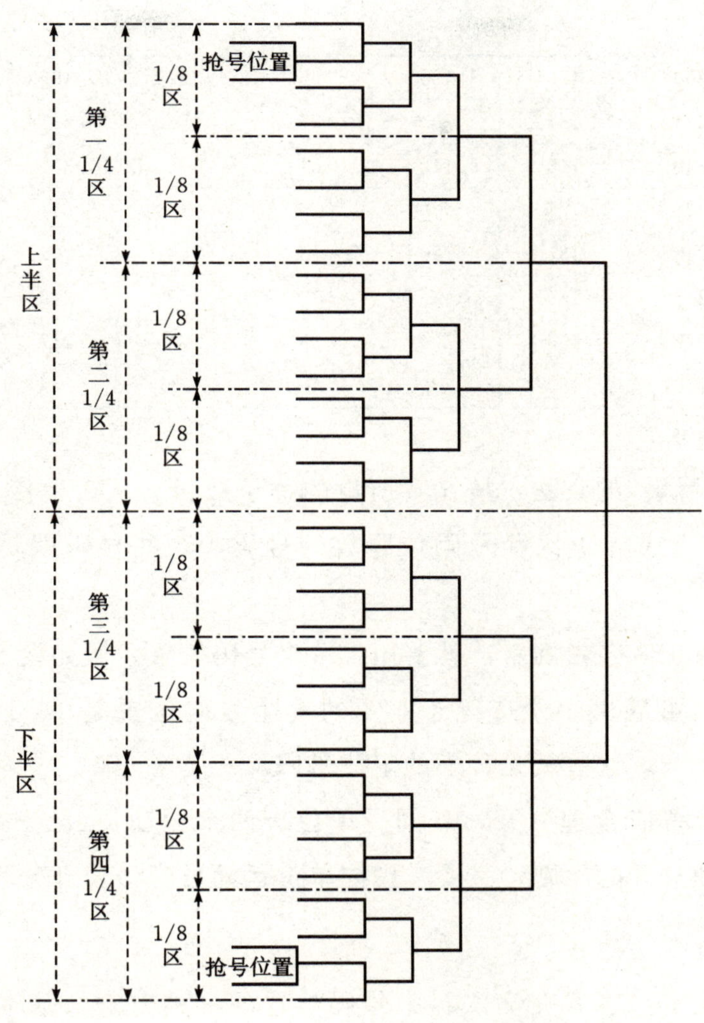

图 3-2-1 单淘汰赛抢号和分区示意图

4. 种子的安排方法

在淘汰赛中，由于参赛者(队)人数较多，为避免强手或强队过早相遇，可以把他们确定为“种子”。“种子”的数目应根据参赛者人数的多少来确定，一般采用 2^n，以 8 到 16 个号码位置设一名种子为宜。种子的号码位置，可查“种子位置表”(表 3-2-5)。

表 3-2-5　种子位置表

1	256	129	128	65	192	193	64
33	224	161	96	97	160	225	32
17	240	145	112	81	176	209	48
49	208	177	80	113	144	241	16
9	248	137	120	73	184	201	56
41	216	169	88	105	152	233	24
25	232	153	104	89	168	217	40
57	200	185	72	121	136	249	8

“种子位置表”的查法：按比赛所设的种子数目，从表中依次(逐列由左向右)摘出小于或等于比赛号码位置数的号码，这些号码就是种子定位的号码。

例如，有 123 名参赛者，就要用 128 个号码位置。假如设 8 名种子，那么从表中依次可摘出小于或等于 128 的 8 个号码位置是 1、128、65、64、33、96、97、32，这些就是种子的定位号码。

种子的位置应合理分开，若同一单位有两个运动员(队)参赛时，既要考虑种子合理分开的原则，又要考虑同单位运动员(队)合理分开的情况。

5. 抽签的方法

抽签是确定参赛者在淘汰赛中号码位置的一种方法。基本要求是将种子和同单位的参赛者合理分开，均匀分布，这是组织编排工作中的重要环节之一。一般比赛的抽签工作通常由主办单位代抽。有时可由裁判长、各参赛单位代表，或该运动项目中德高望重的专家和权威人士参加。

抽签的具体实施方法。

(1)种子的抽签与定位：种子队员的抽签与定位除按种子的号码位置抽签与定位外，也可按种子选手实力水平的排列顺序，直接将全部种子定位。

(2)非种子的抽签与定位：按抽签方案确定的顺序，将各单位运动员先分区，后定位。

(3)各单位的运动员也要分批进行抽签。如先抽该单位 1，2 号运动员，分别进入上、下半区(1/4，2/4 和 3/4，4/4)；再抽该单位的 3，4 号运动员，分别进入没有 1，2 号运动员的另外两个 1/4 区；再将 5～8 号运动员分别抽入没有 1～4 号运动员的另外 4 个 1/8 区，以此类推。

(4)控制平衡与复核检查。为使各单位的运动员都能合理分开，抽签时需要进行必要的控制来保持平衡；检查种子选手是否做到了合理分开。

(三)混合法比赛的编排

混合法比赛是指既有循环赛又有淘汰赛的竞赛方法，是循环法和淘汰法混合运用的一种竞赛方式。它在球类集体项目的竞赛中采用较多。当参赛队在 12～18 个时，选用混合法比赛最为适宜。一般比赛分两个阶段，第一阶段采用分组循环进行比赛，第二阶段采用交叉淘汰进行比赛。或者第一阶段采用分组淘汰赛(排出名次)，第二阶段比赛使用循环法。例如，某运动竞赛项目参赛队有 12 个，采用混合法进行比赛，具体安排如下。

1. 分 A、B 两组单循环赛(第一阶段)

各组的竞赛及编排方法在单循环赛中已作介绍，请参阅本章单循环赛的方法与编排有关内容。

2. 交叉淘汰赛(第二阶段)

在预赛阶段分组比赛结束后，即采用交叉淘汰赛的比赛形式确定最后比赛名次。在交叉淘汰赛阶段，每场比赛都必须决出胜负。

首先将分组比赛 A，B 两组的前两名 4 个队编成一组，争夺 1～4 名；两组的 3，4 名编为一组，争夺 5～8 名；两组的 5，6 名编为一组，确定 9～12名。

在第一组的比赛中，先由 A 组的第一名对 B 组的第二名、A 组的第二名对 B 组的第一名进行比赛，然后由这两场比赛的胜队决出冠、亚军，负队决出 3，4 名。其他各组对阵方法相同。

第三节　运动竞赛成绩与名次的评定方法

一、单项成绩的评定方法

体育竞赛中的单项，既可指一个运动员，也可指一个参赛队，它是从项目意义上讲的。常见的单项成绩评定方法有三种。

(1)以客观的时间、距离、高度、重量、中靶环数等实际计量来评定参赛者(队)的成绩和名次。例如，田径、游泳、举重、射箭等运动项目，按参赛者(队)成绩的优劣，依次排定名次。

(2)按完成规定动作和自选动作的质量来评定。例如，体操、跳水、武术等项目，由裁判员根据动作质量和编排好坏等内容来评定分数。评分通常以一定分值为满分进行打分，最后以裁判组评定的分值高低来确定名次。

(3)根据比赛总积分多少、战胜对手的情况或其他特定因素来进行评定。如各种球类比赛、摔跤、击剑等项目，在单独评价时，以双方的进球多少、胜负局数和得失分来决定成绩和名次。在总体评定时，根据积分多少排列名次。例如，球类项目常采取胜一场得 2 分，负一场得 1 分或 0 分，弃权得 0 分，积分多者名次列前；若两个以上队积分相等，则按他们之间得失分情况排列名次，以失分少、净胜分多者名次列前。

二、团体名次的计算方法

体育竞赛中的团体，是指若干个不同的运动类别和项目的综合，也指较大规模竞赛活动的总体。经常采用的办法有下列四种。

(1)大型综合性运动会，如奥运会、全运会等，有两种团体名次排列方法：一种是按金牌数和奖牌数排名；另一种是按团体总分来排名。在按团体总分排名时，对各项前八名以 9、7、6、5、4、3、2、1 的分值计算在各单位的总分里。

(2)田径、游泳等比赛分男、女团体，以男、女团体总分来衡量各队的实力，计分方法为：取前六名时，采用7、5、4、3、2、1计分；取前八名时，则按9、7、6、5、4、3、2、1计分。以各单位得分总和多少排出名次，分数高者，团体名次列前。也有在竞赛规程上事先规定集体接力、破纪录等可加倍计算，鼓励运动员创造优异成绩。若总分相等，则可采取第一名多者或破纪录多的团体名次列前。

(3)体操、武术、跳水等项目，也有以参赛队(个人)各项得分的总和来决定团体名次者。

(4)拔河、乒乓球、羽毛球、网球等项目，还可采用获胜场数或局数多少来决定团体名次。

思考题

1. 学校体育运动竞赛的种类都有哪些？
2. 竞赛方法中单循环场数怎样计算？
3. 运动竞赛成绩与名次的评定方法都有哪些？

知识窗

体育运动竞赛的类别：速度力量型，速滑、短跑、投掷、举重。耐力型，竞走、游泳、滑冰、长跑。表现美型，体操、花样游泳、冰上芭蕾、蹦床。技能准确型，射击、射箭。隔网对抗型，乒乓球、排球、网球。同场对抗型，篮球、足球、橄榄球、冰球、曲棍球。

第四章

运动处方

减肥运动处方：目的，运用科学的手段与方法使减肥的人们达到减肥效果。原理，燃烧脂肪、进行科学的有氧锻炼。方法，长距离的步行与远走、慢跑，有氧健身操。手段，拉伸8分钟左右，每天坚持慢跑40分钟以上(或慢走50分钟以上)，有疾病者除外。指标，长时间坚持。饮食，饮食合理，不可暴饮暴食，多吃绿色食品与含蛋白类的食物，要营养搭配。减肥是一项长期的过程，只有坚持才能保证效果，但切记减肥是在不以伤害自己健康为前提下进行的，以节食为主的减肥方式是不可取的。

第一节 运动处方的概念与分类

一、运动处方概念

运动处方的概念最早是美国生理学家卡波维奇在 20 世纪 50 年代提出的。20 世纪 60 年代以来，随着康复医学的发展及对冠心病等的康复训练的开展，运动处方开始受到重视。1969 年世界卫生组织开始使用运动处方术语，并且在国际上得到认可。

运动处方的完整概念是康复医师或体疗师，对从事体育锻炼者或病人，根据医学检查资料(包括运动试验和体力测验)，按其健康、体力以及心血管功能状况，用处方的形式规定运动种类、运动强度、运动时间及运动频率，提出运动中的注意事项。运动处方是指导人们有目的、有计划和科学地锻炼的一种方法。

运动处方是健身活动者进行身体活动的指导性条款。它是根据参加运动者的机能水平和健康状况以处方形式确定其活动强度、时间、频率和活动方式，这如同临床医生根据病人的病情开出不同的药物和不同的用量的处方一样，故称运动处方。它具有目的性强、计划性强、科学性强、针对性强，以及普及面广的特点。

二、根据应用对象和锻炼的目的分类

运动处方多种多样，分类方法也各式各样。并且在实施过程中，存在着多种运动处方的变式。根据应用的对象和锻炼的目的，一般有如下种类。

(一)竞技性运动处方

竞技性运动处方是指用于提高运动员身体素质和运动技术水平的训练方案。

(二)预防性(保健性)运动处方

预防性(保健性)运动处方适合一般健康人群，包括中老年人在内的人群，用以增强体质、预防疾病和提高健康水平。预防健身性运动处方适用的对象是全民健身运动的参加者，包括身体基本健康的中老年人；长期从事脑力劳动、缺乏体育锻炼、处于亚健康状态的人群；中青年人和在校的学生。该类运动处方主要是指导人们采用适当的体育活动，科学地进行锻炼，以便更有效、更科学地增强体质，提高健康体适能，预防疾病，防止早衰。

(三)治疗性运动处方

治疗性运动处方用于慢性疾病患者及病人创伤康复期的锻炼，能提高疗效，加速疾病的康复。康复治疗性运动处方适用的对象是经过临床治疗达到基本痊愈，但遗留有不同程度身体机能下降或功能障碍的患者，如冠心病、手术后患者；以及得到一定控制的慢性病患者，如高血压、糖尿病、肥胖症患者等。这类运动处方能够帮助患者提高身体机能，缓解症状，减轻或消除功能障碍，恢复肢体功能，尽量提高患者的生活自理和工作能力。

三、根据锻炼作用分类

根据运动锻炼的作用分类，可分为全身耐力运动处方、力量运动处方、柔韧性运动处方等。

(一)全身耐力运动处方

全身耐力运动处方以提高心肺功能为主要目标，该运动处方用于提高锻炼者的耐力素质、维持合理的身体成分、消除亚健康状态的症状，预防冠心病、高血压、高血脂、糖尿病等的发生。

(二)力量运动处方

力量运动处方的主要作用是提高肌肉的力量耐力。力量运动处方可用于因伤病导致肢体长期制动、长期卧床等引起的失用性肌萎缩的康复、身体发育畸形的矫正，该运动处方也可以提高锻炼健身者的力量素质，缓解中年以后的肌肉萎缩，预防骨质疏松。

(三)柔韧性运动处方

柔韧性运动处方以提高身体柔韧性素质为目标，该运动处方用于指导健身者采用科学的手段和方法，提高身体的柔韧性素质，预防随年龄增长而导致关节活动幅度下降。

第二节 运动处方的内容

运动处方的内容一般包括运动目的、运动项目、运动强度、每次运动持续时间、运动频率和注意事项等六个方面，下面将对这些内容详细作介绍。

一、运动目的

根据年龄、性别、职业、爱好、习惯和体质健康状况的不同，健身者的锻炼目的各不相同，因而开出的运动处方也不同。运动的目的：预防疾病、强身健体、健美减肥、休闲消遣、提高身体素质和运动成绩等。

二、运动项目

运动项目应根据锻炼目的而定，一般包括以下项目。

（一）耐力性项目（有氧运动项目）

此类运动项目能有效增强或改善心血管系统和代谢功能，提高体能，预防冠心病、肥胖症和动脉硬化等病症。锻炼的项目有快走（步行）、慢跑、骑自行车、游泳、爬山、跳绳、划船、登楼梯、滑冰和滑雪等。国外运动医学专家对经常参加体育运动的人进行体检时发现，参加健身跑、游泳、自行车运动锻炼的人的心肺功能要比从事其他运动项目的人好。

（二）医疗体操（呼吸操、矫正体操等）

医疗体操适用于患有某种慢性疾病和创伤康复期的人或患者。如慢性支气管炎、肺气肿患者，可进行呼吸操锻炼；内脏下垂者，可进行腹肌锻炼；截瘫患者的轮椅训练，截肢病人的上、下肢训练；脊柱畸形或扁平足患者进行的矫正体操；四肢骨折康复期的功能锻炼等。

（三）放松性训练

此类项目有调节神经系统，放松精神和躯体，消除紧张和疲劳，防治高血压和神经官能症的作用。锻炼的项目和方法有气功、太极拳、瑜伽、散步、保健按摩和放松体操等。

(四)力量型项目

力量性练习能增强肌肉力量和耐力，防止关节损伤，改善机体有氧代谢能力和增强体力。锻炼的方法有抬腿、举手、平足站立、下蹲起立、哑铃和举重练习等。

(五)柔韧性练习

针对容易发生关节僵硬和疼痛的情况，常常不是由关节炎症引起的，而是缺乏运动所致，经常做一些柔韧性练习，可以活动关节，增强关节的柔韧性和灵活性，延缓关节硬化。锻炼的项目有太极拳、八段锦、武术、柔软体操和伸展性练习等。

三、运动强度

运动强度是指单位时间内的活动量。运动强度是设计运动处方中最关键的部分，它是运动处方四要素中最重要的一个因素，也是运动处方定量化与科学性的核心问题。因此，需要有适当的监测来确定运动强度是否适宜，可根据训练时的心率、自感用力度进行定量化。其中心率在教学中是运动强度常用的测量方法。

心率和运动强度之间存在线性关系。通常用心率确定运动强度有两种方法。

(1)用最大心率的百分比来确定运动强度。最大心率可以用公式“220－年龄”来计算。通常认为提高有氧适能的运动处方宜采用最大心率的55％～77％。

(2)用最大心率贮备的百分比来确定运动强度。最大心率贮备等于最大心率减安静时心率之差。在实际应用时，是用贮备心率和安静时心率同时来确定运动时的心率，称为靶心率。其计算公式是靶心率＝(最大心率－安静时心率)×(0.6～0.8)＋安静时心率。

其中，0.6～0.8为适宜强度系数，亦即60％～80％最大心率贮备。通常认为，在此强度系数范围内，运动能有效地提高有氧适能。所以有人将

0.6～0.8这一范围称为训练带或训练区域。将系数0.6称为训练带的下限阈，将系数0.8称为训练带的上限阈。

四、每次运动持续时间

每次运动持续时间即除准备活动和整理活动外运动持续的时间对惯坐者和体适能低的人应该从小强度短时间(20分钟～30分钟)运动开始逐渐增加。

运动持续时间和运动强度关系密切。因为当运动强度达到阈强度后，一次运动的效果是由总运动负荷来决定的，而总运动负荷等于运动强度与运动时间之积，即由两者的配合来共同决定。当总运动负荷确定时，运动强度和运动时间成反比。运动强度较大则运动时间较短；运动强度较小则运动时间较长。在运动处方中，运动的形式、强度和时间可以有多种变化，在某些场合采用较长时间低强度的运动较为有效，如肥胖者的减肥；反之，在另外一些场合采用短时间高强度的运动较为有效，如训练肌肉力量。

五、运动频率

运动频率是指每周锻炼的次数。有研究表明，当每周锻炼多于3次时，最大吸氧量的增加逐渐趋于平坦；当锻炼次数增加到5次时，最大吸氧量的提高就很小；而每周锻炼少于2次时，通常不引起改变。由此可见，每周锻炼3～4次是最适宜的频率。但由于运动效应蓄积作用的特点，间隔不宜超过3天。作为一般健身保健或处于退休和疗养条件者，坚持每天锻炼一次当然更好，但前提条件是次日不残留疲劳，每日运动才是可取的。关键是运动习惯性或运动生活化，即每个人可选择适合自己的锻炼次数，但每周最低不能少于2次。

六、注意事项

在实施运动处方中必须注意两个问题。

(1)要循序渐进。在任何情况下都要强调开始时宁少不多。从简单运动开始以渐进的方式逐渐增加难度和强度。

(2)要做好准备活动和整理活动。在运动开始时，轻微的运动及伸展比实际活动更重要，它们可以用来改善从休息到运动状态的转变。在刚开始运动时，要逐渐增加活动强度，一直到能达到适宜强度为止。伸展运动能增加关节活动度和下背柔软度，这些都应包括在准备活动中。在活动进行到最后时，大约要有 5 分钟的整理活动，这样可使呼吸和心跳恢复到正常值，这在运动进行中是十分重要的，可以减少运动结束后产生的低血压。

第三节　运动处方的制订

一、运动处方的制订程序

进行一般调查、体质测试或体检：一般调查包括询问病史及健康状况，询问内容包括既往病史、家族史、身高、体重等。目前的健康状况包括最近是否测过血压或血脂，结果如何，最近有无患病，如果有，详细询问诊断及治疗情况。体质测试或体检：体质测试是指在学校体育课上或由学校组织的体质测试，体检就是指到医院进行身体检查。

根据个人具体情况制订运动处方。

按处方活动一段时间后，根据参加者的生理反应和适应状况，再对处方做进一步的修改或调整。

二、运动处方的制订原则

因人而异的原则：要根据每一个参加锻炼者或病人的具体情况，制订出符合个人身体客观条件及要求的运动处方。

有效的原则：运动处方的制订和实施应使参加锻炼者或病人的功能状况有所改善。

安全的原则：按运动处方运动，应保证在安全的范围内进行，若超出安全的界限，则可能发生危险。在制订和实施运动处方时，应严格遵循各项规定和要求，以确保安全。

全面的原则：运动处方应遵循全面发展身心健康的原则，在运动处方的制订和实施中，应注意维持人体生理和心理的平衡，以达到“全面发展身心健康”的目的。

三、运动处方的制订内容

(一)运动目的

通过有目的的锻炼达到预期的效果。运动处方的目的有健身的、娱乐的、减肥的、治疗的等多种类型。

(二)运动项目

在运动处方中，为锻炼者提供最合适的运动项目关系到锻炼的有效性和持久性。选择运动项目，要考虑运动的目的是健身的，还是治疗的；要考虑运动条件，如场地器材、余暇时间、气候等；还要结合体育兴趣爱好等。

(三)运动强度

运动强度是运动时的剧烈程度，是衡量运动量的重要指标之一，可用每分钟的心率次数来表示大小。一般认为学生心率：120 次/min 以下为小强度，120～150 次/min 为中强度，150～180 次/ min 或 180 次/min 以上为大强度。测量运动强度的简单办法：测量运动后 10 s 脉搏×6，就是1 min 的心率。

1. 适宜运动强度范围

适宜运动强度范围可用靶心率来控制：以本人最高心率的 70%～85% 的强度作为标准。

2. 最适宜运动心率

最大心率储备＝最大心率－安静心率

最适宜运动心率＝心率储备×75%＋安静心率

如某大学生 20 岁，安静心率 70(次/min)，他的最大心率为 220－20＝200(次/min)，心率储备为 200－70＝130(次/min)，最适宜运动心率为 130×75%＋70＝167.5(次/min)。

(四)运动时间

运动时间指一次锻炼的持续时间。它与运动强度紧密相关，强度大，时间应稍短，强度小，时间应稍长。有氧锻炼一般在 30 min 左右就可以达到较好的效果。

(五)运动频度

运动频度指每周的锻炼次数。关于运动频度，日本的池上晴夫研究表明，1周运动1次，肌肉酸痛和疲劳产生，运动后1～3天身体不适，效果不蓄积；1周运动2次，酸痛和疲劳减轻，效果有点蓄积，不明显；1周运动3次，无酸痛和疲劳，效果蓄积明显；1周运动4～5次，效果更加明显。可见，1周运动3次以上，效果才明显。

四、运动处方的实施原则

对于大学生而言，实施运动处方要遵循以下原则。

(一)全面了解个人的体质和健康状况

在制订运动处方时，要了解个人的生长发育情况、疾病史、目前的伤病情况、健康体适能测试的结果等内容。

(二)确定运动处方的目的

运动处方的目的不同，采用的运动功能评定方法不同，制订运动处方的原则也不同，因此要确定好自己是为了提高心肺功能、增强肌力、提高柔韧性，还是要减少多余的脂肪、控制血压、血脂和血糖。一般来说，只要某项功能评定未达到优秀或良好，都应将增强该功能作为运动处方目的之一。

(三)进行相应的运动功能评定

如果大学生是为了提高心肺功能或控制体重、血压、血糖、血脂等，应做心肺功能的检查评定，如台阶实验、1000米跑(男子)、800米跑(女子)或2分钟跳绳(女子)；如果是为了增强肌肉力量，则要进行肌力的测定，如握力、立定跳远或仰卧起坐(女)；如果是为了提高柔韧性，则要做关节活动幅度的测试，如坐位体前屈。

第四节　运动处方的案例分析

一、减肥运动处方

(1)处方目的：运用科学的手段与方法使女孩达到减肥的效果。

(2)处方原理：燃烧脂肪、运用科学的有氧锻炼。

(3)内容方法：长距离的步行或远走、慢跑、有氧健身操。

(4)具体方法负荷：基本体力练习 10 分钟(仰卧起坐 60 次，分 5 组)；俯卧撑 50 次(分 5 组)。

(5)处方手段：伸展放松体操 3 分钟～5 分钟(可以伴随快节奏感的音乐做有氧体操)。每天慢跑 30 分钟以上(或慢走 50 分钟以上)。

(6)强度和频率：适宜 20～35 岁的妇女体重超过标准值的 5%～20%以上者，妇女心率控制在 150～180 次每分钟最理想。

(7)效果指标：坚持一个月以上现体重与锻炼前体重相比。

(8)注意事项：有心脏病、心血管系统疾病的人不宜参加，适当控制饮食。

减肥是一项长期的过程，只有坚持不懈才能保证效果。减肥是在不损害自己的健康下进行的，一切以节食为主的减肥方式都是不可取的。

二、发展心肺耐力的运动处方

频率：每周活动 3～5 次。强度：活动时心率要达到(220－年龄)×60%至(220－年龄)×80%的范围。时间：持续 20～60 分钟。运动项目：步行、慢跑、单车、游泳、划艇、爬楼梯等全身性大肌肉的持续性运动。

注意：一周进行两次锻炼可以增强心肺的适应能力，锻炼 3～5 次可使心肺达到最大适应水平，且受伤的可能性减少，但是一周锻炼 5 次以上不能引起心肺适应水平的进一步提高。活动的强度只有达到了(220－年龄)×60%至(220－年龄)×80%的心率范围，运动才是最有效的。

三、发展力量的运动处方

频率：每周 1～2 次。强度：选择 8～12 个主要肌肉群练习，选择某一重量，以对于这一重量你最多能举起的次数为标准。例如，你最多能够举起重量为 30 千克的负荷 12 次，那么在力量练习中就要以这样的负荷为标准，以每组 12 次的强度进行练习，重复 1～2 次，组与组之间要休息 1～3 分钟。时间：总练习时间约为 20 分钟最佳。运动项目：哑铃或橡胶绳练习。注意：每周进行 4 次训练是能坚持长期训练的最大频率限度。一般认为，要使肌肉力量明显地增强而又不产生慢性疲劳的积累，每周进行 1～2 次练习最为适宜。力量练习的间隔时间一般以肌肉能完全恢复为准，肌肉在练习后 3～5 秒时已恢复 50%，两分钟后完全恢复，为了增强肌肉力量，练习的间隔不宜过长，一般为 1 分钟左右。

四、发展柔韧性的运动处方

频率：每天或在运动前后进行。强度：每组肌肉伸展至拉紧或有少许酸痛感觉为止。时间：每组肌肉伸展约 10～30 秒。大肌肉群可伸展 30 秒。每个姿势持续的时间和次数应逐步增加，一般从 10 秒逐渐增加到 30 秒。运动项目：被动静力伸展法或肌肉神经促进伸展法。被动静力伸展法是指借助外力保持固定姿势，如借助外力保持体前屈的最大幅度。肌肉神经促进伸展法包括慢速伸展—保持—放松法，收缩—放松法，保持—放松法等三种。例如在伸展股后肌群时采用慢速伸展—保持—放松法，其有以下几步：首先仰卧，膝关节伸直，脚踝成 90 度，同伴帮助推双腿，弯曲髋关节至有轻微酸痛感，此时开始收缩股后肌群以抵抗同伴的推力，持续 10 秒后，放松股后肌群而收缩股四头肌，同时同伴再加力帮助伸展股后肌群，放松过程持续 10 秒，此时，再一次抵抗同伴的推力，这样的过程至少重复 3 次。

注意：在进行柔韧性练习前先要做一些小运动量的健美体操或慢跑，以此提高肌肉的温度，增加工作肌的血流量，减少对肌肉的伤害。不管是什么伸展练习，都要兼顾身体各关节的柔韧性的全面发展。进行柔韧性练习动作的幅度要逐渐加大，用力要柔和。静力性练习一般停留 8～10 秒，重复 8～10 次可获得良好的效果，动力性练习一般停留 15～25 秒，每个练习 7～30 次；柔韧性练习至少重复 5～10 次，注意循序渐进。

思考题

1. 运动处方的概念是什么？
2. 运动处方的内容是什么？
3. 运动处方的实施原则有哪些？

知识窗

运动处方一般包括五个要素：运动形式、运动强度、持续时间、运动频率和注意事项。

第五章

学生体质健康评价

健康包括身体健康、心理健康、社会适应健康和道德健康。《国家学生体质健康标准》是测量学生体质健康状况和锻炼效果的评价标准，是国家对不同年龄段学生体质健康方面的基本要求，是学生体质健康的个体评价标准。

第一节　体质概述

一、体质的概念

体质主要是在人类学、医学和体育学三个领域中进行研究。因为目的、视角等方面的差异，对体质定义不同。

在人体体质学中，匡调元教授认为“人类体质是人群及人群中的个体在遗传的基础和环境的影响下，在生长、发育和衰老的过程中形成的功能、结构和代谢上相对稳定的特殊状态”。

在中医体质学中，王琦教授认为“人体生命过程中，在先天禀赋和后天获得的基础上所形成的形态结构、生理功能和心理状态方面的综合的、相对稳定的固有特质，是人类在生长发育过程中所形成的与自然、社会环境相适应的人体个性特征”。

在体育界中，体质是指人体的质量，是在遗传性和获得性基础上表现出来的人体形态结构、生理功能和心理因素的综合的、相对稳定的特征。

二、体质的内容

在不同的环境中，不同人的体质会有明显的个体差异和阶段性，所以体质应包括以下五个方面。

(1)身体形态，是人体生命活动的物质基础。即体格、体型、姿势、营养状况以及身体成分(皮脂厚度、体脂比重、去脂体重等)，也是人体生长发育水平、营养状况和锻炼程度的外在状态。

(2)生理功能水平，即机体新陈代谢水平与各器官系统达到的工作效能；安静心率、血压、肺功能及心血管运动试验等身体机能，是指机体新陈代谢水平以及各器官系统的效能。

(3)身体素质和运动能力的发展水平，是指人体在运动中表现出的速度、力量、耐力、灵敏及柔韧等方面的机能和走、跑、跳、投、攀登、负重等身体活动能力。

(4)心理素质发展水平，即人体的本体感知能力、个性特征、意志品质等。

(5)对内外环境的适应能力，包括对自然环境、社会环境、各种生活紧张事件的适应能力，对疾病和其他有碍健康的不良应激原的抵抗能力等。

第二节　学生体质健康评价的意义

一、进行《国家学生体质健康标准》测试的意义

《国家学生体质健康标准》是《国家体育锻炼标准》的一个组成部分，是《国家体育锻炼标准》在学校中的具体应用。《国家学生体质健康标准》测试的目的是为了贯彻落实第三次全国教育工作会议提出的“学校教育要树立‘健康第一’的指导思想”的精神，促进学生积极地参加体育锻炼，上好体育课，增强学生的体质和提高健康水平，把学生培养成为德智体美劳全面发展的高素质人才。

学生通过《国家学生体质健康标准》的测试，可以清楚地了解自己体质与健康的状况，还可帮助监测自己的体质与健康状况的变化程度。这些都有助于在新的一年里有的放矢地设定自己的锻炼目标，有针对性地选择锻炼策略，制订切实可行的锻炼计划。

二、《国家学生体质健康标准》的测试项目及评价要求

根据《国家学生体质健康标准》的要求，大学生需要完成以下测试，分别是身高、体重、肺活量、50 米跑、立定跳远、引起向上(男生)/仰卧起坐(女生)、坐位体前屈、1000 米(男生)/800 米(女生)、视力测试。

三、测试与评价的理念与内容

测试和评价涉及身体形态和身体成分、心血管系统功能、肌肉的力量和耐力以及身体的柔韧性这四个方面。

测试和评价所涉及的四个方面都与你终生健康的每个特定状况有密切联系，而每一项测试内容又都反映了你身体健康素质的一个或多个要素。

测试和评价标准根据你的年龄、性别不同而有所差异。

测试和评价的结果是自己的事，不要和其他同学比，应着眼于自己的

进步和提高。

测试和评价结果的最终解释不只是你得了多少分，更是对你身体健康素质现状的分析。

测试和评价的结果是可信的，它可作为你设定锻炼目标的依据和自我评价的基点。

第三节 国家学生体质健康标准(2014年修订)

一、说明

(1)《国家学生体质健康标准》(以下简称《标准》)是国家学校教育工作的基础性指导文件和教育质量基本标准，是评价学生综合素质、评估学校工作和衡量各地教育发展的重要依据，是《国家体育锻炼标准》在学校的具体实施，适用于全日制普通小学、初中、普通高中、中等职业学校、普通高等学校的学生。

(2)本标准的修订坚持健康第一，落实《国家中长期教育改革和发展规划纲要(2010—2020年)》《国务院办公厅转发教育部等部门关于进一步加强学校体育工作若干意见的通知》(国办发〔2012〕53号)和《教育部关于印发〈学生体质健康监测评价办法〉等三个文件的通知》(教体艺〔2014〕3号)有关要求，着重提高《标准》应用的信度、效度和区分度，着重强化其教育激励、反馈调整和引导锻炼的功能，着重提高其教育监测和绩效评价的支撑能力。

(3)本标准从身体形态、身体机能和身体素质等方面综合评定学生的体质健康水平，是促进学生体质健康发展、激励学生积极进行身体锻炼的教育手段，是国家学生发展核心素养体系和学业质量标准的重要组成部分，是学生体质健康的个体评价标准。

(4)本标准将适用对象划分为以下组别：小学、初中、高中按每个年级为一组，其中小学为6组、初中为3组、高中为3组。大学一、二年级为一组，三、四年级为一组。

(5)小学、初中、高中、大学各组别的测试指标均为必测指标。其中，身体形态类中的身高、体重，身体机能类中的肺活量，以及身体素质类中的50米跑、坐位体前屈为各年级学生共性指标。

(6)本标准的学年总分由标准分与附加分之和构成，满分为120分。标准分由各单项指标得分与权重乘积之和组成，满分为100分。附加分根据实测成绩确定，即对成绩超过 100 分的加分指标进行加分，满分为 20 分；小学的加分指标为 1 分钟跳绳，加分幅度为 20 分；初中、高中和大学的加分指标为男生引体向上和 1000 米跑，女生 1 分钟仰卧起坐和 800 米跑，各指标加分幅度均为 10 分。

(7)根据学生学年总分评定等级：90.0 分及以上为优秀，80.0～89.9 分为良好，60.0～79.9 分为及格，59.9 分及以下为不及格。

(8)每个学生每学年评定一次，记入《〈国家学生体质健康标准〉登记卡》。特殊学制的学校，在填写登记卡时可以按规定和需求相应地增减栏目。学生毕业时的成绩和等级，按毕业当年学年总分的 50%与其他学年总分平均得分的 50%之和进行评定。

(9)学生测试成绩评定达到良好及以上者，方可参加评优与评奖；成绩达到优秀者，方可获体育奖学分。测试成绩评定不及格者，在本学年度准予补测一次，补测仍不及格，则学年成绩评定为不及格。普通高中、中等职业学校和普通高等学校学生毕业时，《标准》测试的成绩达不到 50 分者按结业或肄业处理。

(10)学生因病或残疾可向学校提交暂缓或免予执行《标准》的申请，经医疗单位证明，体育教学部门核准，可暂缓或免予执行《标准》，并填写《免予执行＜国家学生体质健康标准＞申请表》，存入学生档案。确实丧失运动能力、被免予执行《标准》的残疾学生，仍可参加评优与评奖，毕业时《标准》成绩需注明免测。

(11)各学校每学年开展覆盖本校各年级学生的《标准》测试工作，《标准》测试数据经当地教育行政部门按要求审核后，通过“中国学生体质健康网”上传至“国家学生体质健康标准数据管理系统”。测试和数据上传时间由教育行政部门确定。

(12)本标准由教育部负责解释。

二、单项指标与权重

单项指标与权重见表 5－3－1。

表 5－3－1 单项指标与权重表

测试对象	单项指标	权重/%
大学各年级	体重指数(BMI)	15
	肺活量	15
	50 米跑	20
	坐位体前屈	10
	立定跳远	10
	引体向上(男)/1 分钟仰卧起坐(女)坐(女)	10
	1000 米跑(男)/800 米跑(女)	20

注：体重指数(BMI)＝体重(千克)/身高^2(米^2)。

三、评分表

(一)单项指标评分表

男生、女性体重指数(BMI)单项评分见表 5－3－2，男生单项评分见表 5－3－3，女生单项评分见表 5－3－4。

表 5－3－2 男生、女生体重指数(BMI)单项评分表(单位：kg/m^2)

等级	单项得分	男生	女生
正常	100	17.9～23.9	17.2～23.9
低体重	80	≤17.8	≤17.1
超重		24.0～27.9	24.0～27.9
肥胖	60	≥28.0	≥28.0

表 5-3-3 男生单项评分表

等级	单项	肺活量 /mL		50 m /s		坐位体前屈 /cm		立定跳远 /cm		引体向上 /次		1000 m /(分·秒)	
	年级	大一	大三	大一	大三	大一	大三	大一	大三	大一	大三	大一	大三
	得分	大二	大四	大二	大四	大二	大四	大二	大四	大二	大四	大二	大四
优秀	100	5040	5140	6.7	6.6	24.9	25.1	273	275	19	20	3′17″	3′15″
	95	4920	5020	6.8	6.7	23.1	23.3	268	270	18	19	3′22″	3′20″
	90	4800	4900	6.9	6.8	21.3	21.5	263	265	17	18	3′27″	3′25″
良好	85	4550	4650	7.0	6.9	19.5	19.9	256	258	16	17	3′34″	3′32″
	80	4300	4400	7.1	7.0	17.7	18.2	248	250	15	16	3′42″	3′40″
及格	78	4180	4280	7.3	7.2	16.3	16.8	244	246			3′47″	3′45″
	76	4060	4160	7.5	7.4	14.9	15.4	240	242	14	15	3′52″	3′50″
	74	3940	4040	7.7	7.6	13.5	14	236	238			3′57″	3′55″
	72	3820	3920	7.9	7.8	12.1	12.6	232	234	13	14	4′02″	4′00″
	70	3700	3800	8.1	8.0	10.7	11.2	228	230			4′07″	4′05″
	68	3580	3680	8.3	8.2	9.3	9.8	224	226	12	13	4′12″	4′10″
	66	3460	3560	8.5	8.4	7.9	8.4	220	222			4′17″	4′15″
	64	3340	3440	8.7	8.6	6.5	7	216	218	11	12	4′22″	4′20″
	62	3220	3320	8.9	8.8	5.1	5.6	212	214			4′27″	4′25″
	60	3100	3200	9.1	9.0	3.7	4.2	208	210	10	11	4′32″	4′30″
不及格	50	2940	3030	9.3	9.2	2.7	3.2	203	205	9	10	4′52″	4′50″
	40	2780	2860	9.5	9.4	1.7	2.2	198	200	8	9	5′12″	5′10″
	30	2620	2690	9.7	9.6	0.7	1.2	193	195	7	8	5′32″	5′30″
	20	2460	2520	9.9	9.8	−0.3	0.2	188	190	6	7	5′52″	5′50″
	10	2300	2350	10.1	10.0	−1.3	−0.8	183	185	5	6	6′12″	6′10″

表 5-3-4 女生单项评分表

等级	单项	肺活量 /mL		50 m /s		坐位体前屈 /cm		立定跳远 /cm		仰卧起坐 /次		800 m /(分·秒)	
	年级	大一	大三	大一	大三	大一	大三	大一	大三	大一	大三	大一	大三
	得分	大二	大四	大二	大四	大二	大四	大二	大四	大二	大四	大二	大四
优秀	100	3400	3450	7.5	7.4	25.8	26.3	207	208	56	57	3′18″	3′16″
	95	3350	3400	7.6	7.5	24	24.4	201	202	54	55	3′24″	3′22″
	90	3300	3350	7.7	7.6	22.2	22.4	195	196	52	53	3′30″	3′28″
良好	85	3150	3200	8	7.9	20.6	21	188	189	49	50	3′37″	3′35″
	80	3000	3050	8.3	8.2	19	19.5	181	182	46	47	3′44″	3′42″
及格	78	2900	2950	8.5	8.4	17.7	18.2	178	179	44	45	3′49″	3′47″
	76	2800	2850	8.7	8.6	16.4	16.9	175	176	42	43	3′54″	3′52″
	74	2700	2750	8.9	8.8	15.1	15.6	172	173	40	41	3′59″	3′57″
	72	2600	2650	9.1	9	13.8	14.3	169	170	38	39	4′04″	4′02″
	70	2500	2550	9.3	9.2	12.5	13	166	167	36	37	4′09″	4′07″
	68	2400	2450	9.5	9.4	11.2	11.7	163	164	34	35	4′14″	4′12″
	66	2300	2350	9.7	9.6	9.9	10.4	160	161	32	33	4′19″	4′17″
	64	2200	2250	9.9	9.8	8.6	9.1	157	158	30	31	4′24″	4′22″
	62	2100	2150	10.1	10	7.3	7.8	154	155	28	29	4′29″	4′27″
	60	2000	2050	10.3	10.2	6	6.5	151	152	26	27	4′34″	4′32″
不及格	50	1960	2010	10.5	10.4	5.2	5.7	146	147	24	25	4′44″	4′42″
	40	1920	1970	10.7	10.6	4.4	4.9	141	142	22	23	4′54″	4′52″
	30	1880	1930	10.9	10.8	3.6	4.1	136	137	20	21	5′04″	5′02″
	20	1840	1890	11.1	11	2.8	3.3	131	132	18	19	5′14″	5′12″
	10	1800	1850	11.3	11.2	2	2.5	126	127	16	17	5′24″	5′22″

第四节　国家学生体质健康标准测试方法

一、身高和体重

(1)测试目的：测试学生身高、体重，评定学生的身体匀称度，评价学生生长发育的水平及营养状况。

(2)测试器材：身高体重仪。

(3)测试方法：受试者赤足，身着轻装立正姿势站在身高体重仪的底板上(上肢自然下垂，足跟并拢，足尖分开成60度)。足跟、骶骨部及两肩胛区与立柱相接触，躯干自然挺直；头部正直，耳屏上缘与眼眶下缘是水平位。

二、肺活量

(1)测试目的：测试学生的肺通气功能。它是指人体尽全力深吸气后，再尽全力呼出的气体总量，即一次深呼吸的气量，是呼吸动态过程中的一部分。

(2)测试器材：电子肺活量计。

(3)测试方法：被测者面对仪器站立，手持吹气口嘴；面对肺活量计站立深吸气(避免耸肩提气，应该像闻花式的慢吸气)；吸气后屏住气再对准口嘴吹气，防止此时从口嘴处吸气；测试中不得二次吸气、吹气，向口嘴处慢慢呼出至不能再呼为止；吹气完毕后，液晶屏上最终显示的数字即为肺活量毫升值。被测者不必紧张，要尽全力；以中等速度和力度吹气效果最好。

三、坐位体前屈

(1)测试目的：测试学生身体柔韧素质的发展水平。

(2)测试器材：坐位体前屈测量计。

(3)测试方法：受试者坐姿，腿伸直，两脚平蹬测试纵板上，脚尖分开约10～15厘米，上体前屈，两臂伸直，用两手中指尖逐渐向前推动游标，直到不能前推为止，测试计的脚蹬纵板内沿平面为0点，向内为负值，向前为正值。

四、仰卧起坐

(1)测试目的：测试学生腹肌耐力。

(2)测试器材：垫子。

(3)测试方法：受试者全身仰卧于垫上，两腿稍分开，屈膝呈90度左右，两手指交叉于脑后，另一同学压住其踝关节，以便固定下肢；测试人员目测受试者完成上述动作要领后，开始仰卧起坐；动作应规范至90度角方为有效；受试者躯干超过90度完成一次，测试时间一分钟。

五、引体向上

(1)测试目的：测试男性上肢肌肉量的发展水平。

(2)测试器材：单杠。

(3)测试方法：受试者跳起双手正握杠，两手与肩同宽成直臂悬垂。静止后，两臂同时用力引体(身体不能有附加动作)，上拉到下颌超过横杠上缘为完成一次，然后放松背阔肌让身体下降直到完全下垂，然后重复再做。

六、立定跳远

(1)测试目的：测试学生下肢爆发力及身体协调能力的发展水平。

(2)测试器材：立定跳远电子测试仪或沙坑、丈量尺。

(3)测试方法：受试者两脚自然分开站立，站在起跳线后，脚尖不得踩线。两脚原地同时起跳，不得有垫步或连跳动作。起跳线后缘至最近看地点后缘的垂直距离。

七、50米跑

(1)测试目的：测试学生的灵敏性和下肢爆发力。

(2)测试仪器：秒表。

(3)测试方法：站立起跑，受试者听到“跑”的口令后开始起跑。发令员在发出口令同时要摆动发令旗。计时员视旗动开表计时，受试者躯干到达终点线的垂直面停表。以秒为单位记录测试成绩，精确到小数点后一位，小数点后第二位数按非零进1原则进位，如10.11秒读成10.2秒记录之。

八、耐力跑(女生800米/男生1000米)

(1)测试目的：衡量学生心肺机能的发展水平。

(2)测试仪器：耐力跑测试仪或秒表。

(3)测试方法：受试者站立式起跑。听到“跑”的口令后开始起跑。计时员看到旗动开表计时，当受试者的躯干部到达终点线垂直面时停表。以分、秒为单位记录测试成绩，不计小数。

九、视力测试方法

(1)受检者距视力表5米处站立，双眼应与视力表中的5.0一行在一个水平线上。用遮眼板将左眼轻轻遮上，先查右眼，后查左眼，均记录为裸眼视力。

(2)可先从5.0一行视标认起。测出被检眼所能辨认的最小行视标。记下该行视标的视力记录值，即为该眼的视力。如果看不清再逐行上查，如辨认无误则逐行下查。要求每个视标的识别时间不超过5秒。规定4.0～4.5各行视标中每行不能认错1个，4.6～5.0各行视标中每行不能认错2个，5.1～5.3各行视标中每行不能认错3个。超过这一规定就不再往下检查，而以本行的上一行记为该受检者的视力。

(3)如5米处不能辨认视力表最上一行视标(即为4.0一行)时，令受检者逐渐前行，直至能够看清最大一行视标为止，根据实际距离进行换算见表5-4-1。

表 5-4-1 远视力表变距校正表

检查距离略值/m	1.0	1.2	1.5	2.0	2.5	3.0	4.0	5.0
校正值	−0.7	−0.6	−0.5	−0.4	−0.3	−0.2	−0.1	0
记录视力值	3.3	3.4	3.5	3.6	3.7	3.8	3.9	4.0

(4)若小于 1 米处也不能看清第一行视标时，视力记录 0.0。

思考题

1.《国家学生体质健康标准》测试的意义是什么？

2.《国家学生体质健康标准》测试的内容与方法是什么？

第六章

田径运动

田径运动项目的比赛，是从公元前776年第一届古希腊奥林匹克运动会开始的，当时只有一项跑道长为192.27米的场地赛跑项目。公元前648年又增加了跳跃和投掷项目。1968年正式举行了第一届奥林匹克运动会，田径被列为重要的比赛项目，并且是设立奖牌最多的比赛项目。

第一节 田径运动概述

田径(track and field)或称田径运动，是田赛、径赛和全能比赛的全称。田是指广阔的空地，在跑道所围绕的中央或临近的场地上举行的跳跃、投掷竞赛，统称为田赛，田赛是用米尺丈量所跳的高度、远度和所投器械的远度项目。径是指跑道，在跑道上举行的竞走和各类形式的赛跑都属于径赛，径赛是以时间计算成绩的竞走和跑的项目。简单来说，田赛用距离来衡量，径赛用时间来衡量。此外，田径运动还包括田径全能运动，它是由若干跑、跳、投项目组合而成的，田径比赛由田赛、径赛、公路路跑、竞走和越野跑组成，此外还包括部分田赛和径赛项目组成的“十项全能”。现代田径运动的分类各有不同，大多数将田径运动分为径赛、田赛、全能三大类，或分为竞走、跑、跳跃、投掷、全能五大类。

田径运动具有个体性和广泛的群众性。田径运动除接力跑外，都是以个人为单位进行比赛的运动项目，团体成绩和名次大都是由个人成绩和名次及接力跑成绩名次的计分相加决定的。田径运动是体育运动中最大的一个项目，它包括五大类，很多单项，是各大型运动会中比赛项目最多、参赛运动员最多的项目。田径运动中各单项和全能项目对运动员体形、主要身体素质和心理机能等都有不同的要求，运动员要从个人实际和特点出发，选择运动项目，掌握具有个人特点的先进、合理的运动技术。

最早的田径比赛，是公元前776年在希腊奥林匹克村举行的第一届古代奥运会上进行的短跑比赛项目。1896年，希腊举行的第一届现代奥林匹克运动会上的田径赛是现代世界田径运动开始的标志。

第二节　跑

一、短跑

(一)短跑基本技术

短跑技术全程包括起跑、起跑后的加速跑、途中跑和终点跑 4 个部分。

1. 起跑

起跑的任务是获得向前冲力，使身体迅速摆脱静止状态，为起跑后加速跑创造有利条件。

(1)起跑器的安装。安装起跑器的目的是使脚有牢固的支撑，形成良好的用力姿势，便于快速起跑和加速，有利于运动员获得较快的起跑速度。起跑器的安装方法常用的有普通式和拉长式两种(见图 6－2－1)。

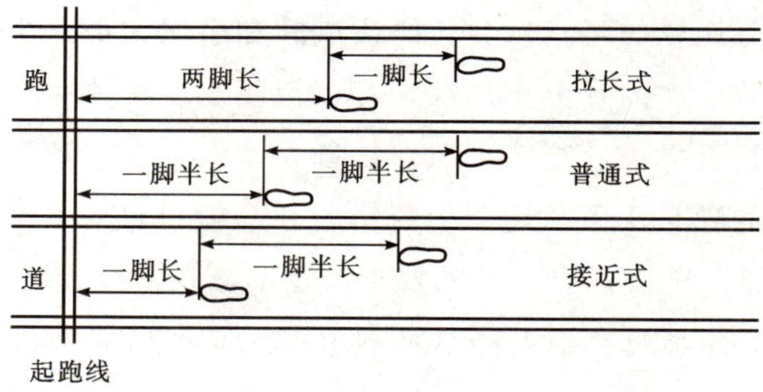

图 6－2－1

“普通式”的前起跑器安装在距离起跑线一脚半(40～46cm)处，后起跑器距离前起跑器一脚半。前后起跑器的支撑面与地面的夹角分别为 40°～45°和 70°～80°。两个起跑器的中间线间隔约 15 cm。“拉长式”的前起跑器安装在距离起跑线两脚长处，后起跑器距离前起跑器一脚长。

两种安装办法各有优缺点，应根据个人特点选用和调整起跑器安装方法。运动员采用哪种起跑器的安装方法应根据个人的身高、体型、身体素质和技术水平等情况来选择，其目的是使运动员能充分发挥肌肉最大力量，获得最大初速度，有助于加速跑的完成。

(2)起跑技术。起跑的任务是使身体迅速摆脱静止状态，为起跑后加速跑创造条件。田径规则规定，在短跑比赛中运动员必须采用蹲踞式起跑，必须使用起跑器，运动员要按发令员的口令完成起助动作。

起跑过程包括“各就位”“预备”和“鸣枪”三个阶段。听到“各就位”口令后，运动员稳定一下自己的情绪，走到起跑器前，俯身，两手撑地，两脚依次踏在前后起跑器的抵足扳上，将有力的脚放在前面，后腿跪地。然后两手收回到起跑线后，两臂伸直，两手间距离与肩同宽或比肩稍宽，四指并拢或稍分开，拇指成“人”字形。身体重心稍前移，肩约与起跑线齐平，头与躯干保持在一条直线上，颈部自然放松，身体重量均匀地落在两手、前腿和后腿之间，注意听“预备”口令。

听到“预备”口令后，逐渐抬起臀部。臀部要稍高于肩部约 10～20 cm，同时使身体重心向前上方移动。此时，身体重心落在两臂和前腿上，前腿膝角约 90°～100°，后腿膝角约 110°～130°。两脚贴紧在前后起跳器抵足板上，集中注意力听枪声。

听到枪声后，两手迅速推离地面，屈肘做有力的前后摆，同时两腿快速用力蹬起跑器。后腿快速蹬离起跑器后，便迅速屈膝向前上方摆出。摆出时腿不应离地面过高，这有利于摆动腿迅速着地并过渡到下一步。前腿有力地蹬伸，后蹬角约为 42°～45°(见图 6－2－2)。

图 6－2－2

2. 起跑后的加速跑

加速跑是起跑与途中跑之间的一段疾跑技术，任务是在较短距离尽快地获得最高速进入途中跑。起地后两臂加快摆速，两腿交替用力蹬，步长逐渐加大，步频逐渐加快，并逐渐加大后蹬角度。两脚的着地点逐渐形成一条直线，上体逐渐抬起进入途中跑。加速跑过程见图 6－2－3。

图 6－2－3

3. 途中跑

途中跑是短跑全程中距离最长、速度最快的一段，其任务是继续发挥和保持高速度跑，其动作特点是腿的摆动幅度大，大腿高抬，频率快，扒地动作积极明显，其完整动作见图 6－2－4。

图 6－2－4

跑是周期性运动，在一个跑的周期内，由后蹬与前摆、腾空、着地后缓冲三个阶段构成。

(1)后蹬与前摆阶段。当身体重心移过支撑点垂直面时，一条腿经后蹬后进入前摆，另一条腿由前摆后着地，支撑腿开始后蹬。前摆时以大腿带动小腿并以折叠的姿势用力向前上方摆动，使身体重心向前移动。后蹬时应快速有力地依次伸直髋、膝、踝关节，前摆时以髋为轴向前上方摆动。后蹬角为 50°左右(见图 6－2－4)。

(2)腾空阶段。支撑腿蹬离地面后，身体即进入腾空阶段，小腿随惯性迅速向大腿靠拢形成摆动、折叠的动作。同时，以摆动腿的髋关节为轴大腿积极下压，膝关节放松，形成摆动腿着地前的积极下压和“扒地”动作。

(3)着地缓冲阶段。摆动腿的前脚掌着地瞬间即进入着地缓冲阶段。当前脚掌接触地面时，髋、膝、踝关节依次适应弯曲进行缓冲，脚跟不着地面，形成“压紧待发”的姿势，为后蹬创造有利条件。支撑腿脚着地过程中，摆动腿迅速折叠脚跟接近臀部，形成后摆动作。摆动腿折叠越好，越能缩小摆动半径，减少阻力，加快摆动速度。

途中跑时，面部要正对前方，两眼向前平视，上体保持正直或微向前倾。两臂要以肩关节为轴，轻松而有力地前后摆动。正确的摆臂动作不仅能保持跑动中的身体平衡，而且有助于加快两腿动作频率和增大步幅，有利于蹬摆送髋动作。

4. 终点跑

终点跑是指全程跑的最后一段距离。这时要以全身的力量、顽强的毅力加强后蹬和两臂的摆动，以最快的速度跑过终点。在离终点最后一步时，上体迅速前倾，用胸部或肩部做撞线动作跑过终点(见图 6－2－5)。

图 6－2－5

(二)短跑练习方法

1. 速度练习

速度练习主要有短距离的加速跑、行进间跑、反复跑、斜坡跑、让距追逐跑、让距接力跑、下坡跑、顺风跑等。以 90%～95%的强度进行 20～60 m 跑，每组跑 4～5 次，每次休息 3～6 min，进行 2～3 组，这将有助于提高你的速度。同时，改变短跑的起跑姿势，采取站立式、转身式和行进间起跑，这也有助于提高你的速度。

2. 力量练习

力量练习主要有负重换腿跳、负重大步走、负重跑、负重跳台阶、跑台阶、大幅度的跨步跳(要求摆动腿积极下压和小腿由前向后积极着地)，可以提高跑时的后蹬能力；各种跳跃练习，如立定跳、立定三级跳、立定十级跳、单足跳、蛙跳；杠铃挺举、抓举、半蹲和深蹲、负重沙袋跑或跳等。

二、中长跑

目前奥运会设置的中长跑项目中，800 m 和 1500 m 属于中跑(中距离跑)，5000 m和 10000 m 属于长跑(长距离跑)，马拉松跑属于超长跑。另外还有一个特殊的项目即 3000 m 障碍赛。中长跑的距离长，消耗能量大，对氧气的需求量也大。因此掌握正确的呼吸方法至关重要。中长跑能量消耗大，为了保证机体对氧气的需求，呼吸必须有一定的频率和深度，还必须与跑的节奏相配合，一般采用两步一吸，两步一呼或三步一呼，三步一吸，呼吸时采用口鼻同时进行呼吸的方法。随着速度的加快和疲劳的出现，呼吸的频率有所增快。

(一)中长跑基本技术

中长跑的各项目比赛均由起跑和起跑后加速跑、途中跑、终点跑技术组成。

1. 起跑

中长跑各项目以及马拉松比赛时均采用站立式起跑，800 m 运动员还可采用单臂支撑的半蹲踞式起跑。各就位时，运动员从集合线走到起跑线处，两脚前后开立，将有力的腿放在前面，前脚尖紧靠起跑线后沿，后脚距前脚一脚距离左右，两脚的左右距离自然开立，上体前倾，两膝弯曲，两臂一前一后，身体重心主要落在前脚上，保持稳定姿势，集中注意力听枪声(见图 6－2－6)。

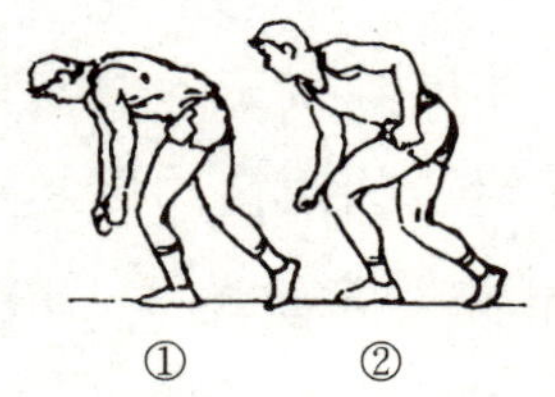

图 6－2－6

2. 起跑后的加速跑

起跑后的加速跑是指从起跑第一步落地到发挥出预计的速度或跑到战术位置的跑的阶段。这段加速跑上体逐渐抬起，迅速、有力地摆臂。起跑后要对准跑动方向与弯道的切点，跑成直线，迅速发挥速度。当已经发挥个人的跑速或进入战术需要的位置时将开始有节奏的途中跑。起跑后上体保持前倾，脚尖着地，腿的蹬地和前摆以及两臂的摆动都应快速积极，逐渐加大步伐和加快速度，随着加速段的延长，上体逐渐抬起，进入途中跑。加速段距离的长短和速度，应根据个人特点、战术需求和临场情况而定。

3. 途中跑

中长跑的绝大部分距离是途中跑阶段，因此途中跑技术非常重要。

(1)上体姿势和摆臂动作。上体保持稍微前倾或正直的姿势。中跑上体前倾角度为5°左右，跑的过程中，上体角度变化范围为2°～3°。超长距离跑上体正直或前倾1°～2°。两臂弯曲约成90°，两手放松或半握拳，肩带放松，以肩为轴，自然地做前后摆动。前摆时稍向内，后摆时稍向外。摆动幅度随速度变化而变化，速度快时臂的摆幅大。

(2)着地缓冲。对中跑运动员而言，脚着地前，以摆动大腿积极下压，小腿顺势自然前摆，并同时后摆做“扒地”式着地动作，且保持身体的高重心。对长跑运动员而言，脚的支撑时间稍长，“扒地”动作不甚明显。中跑运动员，脚着地应用前脚掌或脚外侧先着地，然后过渡到全脚掌着地。长跑运动员用整个脚掌的前大部分甚至全脚掌着地。马拉松运动员用整个脚掌的前大部分、全脚掌或脚跟着地(见图6－2－7)。

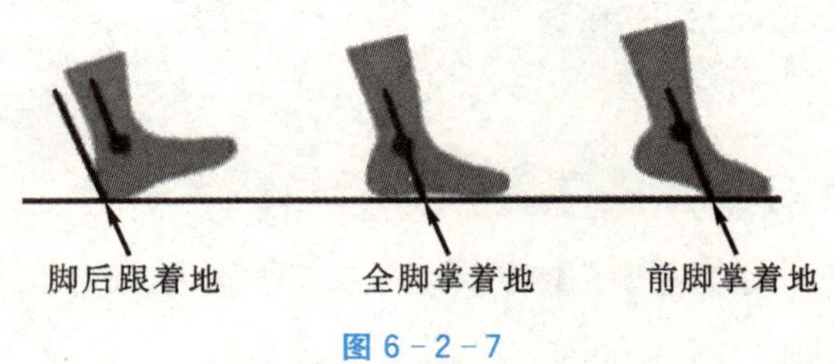

图6－2－7

跑直道时要求两脚沿平行线跑，抬腿既不靠内也不靠外，正直往前，两脚皆脚前掌去扒地跑。弯道跑时要求左脚前脚掌外侧，右脚前脚掌内侧着地，左腿膝关节外展和右腿膝关节内扣，身体重心向内倾斜，协调用力，速度越快倾斜角度越大，右臂的摆幅稍微大于左臂摆幅(见图6－2－8)。

图6－2－8

(3)后蹬与前摆。支撑腿的后蹬与异侧大腿同时积极前摆是现代跑步技术的突出特点。有效的蹬摆技术特点是后蹬地发力以髋为轴积极伸展，后蹬腿三关节充分伸展，用力顺序为伸髋、膝、踝，同时摆动腿屈膝前摆，并带动髋前送。要获得大的步幅，需要抬高大腿，还要把小腿充分迈出去，需要送髋及加强支撑脚的后蹬(见图 6－2－9)。

图 6－2－9

4. 终点跑

终点跑是临近终点前一段距离的加速跑。主要任务是运用自己的全部力量，克服疲劳，力争在最后阶段跑出好成绩。技术特点是加快摆臂速度和加大摆幅的同时配合腿部动作加快频率。冲刺跑的距离根据自己的体力情况、战术要求和临场情况而定。在通过终点时，在接近终点一步前身体躯干前倾，做出撞线动作(见图 6－2－10)。

图 6－2－10

(二)中长跑练习方法

中长跑采用的训练方法有重复训练法、间歇训练法、快慢交替训练法，以及山坡跑、沙滩跑、高原训练等。

1. 动作练习

(1)上体姿势练习：通过控制住腰部关节和肩关节，跑步中练习上身不左右晃动技术。

(2)摆臂姿势练习：通过原地练习以肩关节为轴的摆动和跑步过程中以肩关节为轴的摆动来训练。

(3)腿部动作练习：通过单个辅助动作练习过渡到原地腿部动作练习再进一步过渡到跑动过程中整套腿部动作练习。辅助动作练习：原地高抬腿跑和行进中高抬腿跑、正压腿和侧压腿(由于迈小腿对大腿根部韧带的柔韧性要求较高，所以可以加一些练习大腿根部的柔韧性练习）、原地做抬大腿迈小腿动作、高抬腿跑动中的迈小腿练习、小步跑（体会前脚掌后扒地）。

（4）整套动作练习：通过单个上体姿势练习，摆臂姿势练习，腿部动作练习后过渡到整套动作的练习过程。

2. 一般耐力练习

一般耐力训练在全年训练的准备期安排的比重较大；由于练习比较单调乏味，因此，可穿插越野跑、图形跑，提高运动员的练习兴趣。

3. 速度耐力练习

（1）持续跑的方法：要求运动员在85%左右的强度匀速跑完 2～3 km。

（2）重复跑的方法：如 4×400 m 要求运动员每 400 m 在规定时间内完成，间歇 5 min，采用重复跑练习，选择的段落应短于专项距离。

（3）间歇跑的方法：间歇跑与持续跑、重复跑的区别在于训练的休息时间。间歇跑的休息时间短，体力不能充分恢复。如 6×200 m，要求每200 m 在一定时间内完成，每个之间慢跑 200 m 作为间歇。

二、接力跑

（一）接力跑基本技术

1. 起跑技术

（1）持棒起跑（以右手持棒为例）。第一棒运动员采用蹲踞式起跑，用右手的中指、无名指和小指握住棒的末端，大拇指和食指分开撑地，接力棒不能触及起跑线或起跑线前的地面（见图 6－2－11）。

图 6－2－11

（2）接棒人的起跑。4×100 m 接力第二、第三、第四棒队员一般采用半蹲踞式起跑姿势，两脚前后开立，两腿弯曲，上体前倾（第二、第四棒位于跑道的外侧，第三棒位于跑道的内侧），目视传棒队员，待传棒队员跑到标记线时，接棒人应迅速起跑（见图 6－2－12）。

图 6－2－12

2. 传接棒技术

传棒的方法有上挑式、下压式和混合式三种。

（1）上挑式。接棒队员的手臂自然向后伸出，掌心向后，四指与拇指分开，虎口朝下，传棒队员将棒由下向前上方送入接棒队员手中（见图 6－2－13）。

图 6－2－13

（2）下压式。接棒队员的手臂自然向后伸出，四指与拇指自然分开，手腕内旋，掌心向上，虎口朝后，传棒队员将棒的前端由上向下传到接棒人手中（见图 6－2－14）。

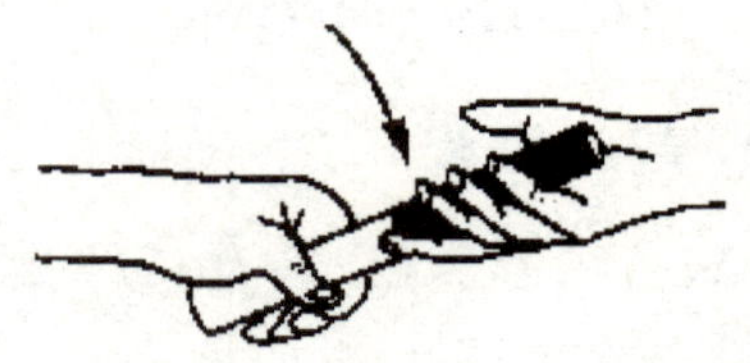

图 6－2－14

（3）混合式。这种方法是综合以上两种的优点，在 4×100 m 接力中，第一棒队员以右手持棒，用“上挑式”将棒传给第二棒队员的左手，第二棒队员沿跑道外侧跑进，用“下压式”将棒传给第三棒队员的右手，第三棒队员沿跑道内侧跑进，用“上挑式”将棒传给第四棒队员的左手。

3. 传接棒的时机和标志线的确定

（1）传接棒的时机。接棒人站在预跑区内或接力区后端，待看到传棒人跑到标志线时迅速起跑，当传棒人跑进接力区离接棒人 1.50 m 左右时，立即向接棒人发出“嘿”或“接”的传接棒信号，接棒人听到信号后迅速向后伸手接棒(见图6－2－15)。

图6－2－15

(2)标志线的确定。标志线离接棒人起跑处的距离是根据传接棒人的跑速和传接技术而定的。

4. 4×100 m和4×400 m接力各棒队员的配合

第一棒队员要求起跑好，并善于跑弯道；第二棒队员要求速度好、善于传接棒；第三棒队员除应具备第二棒的长处外还应善于跑弯道；第四棒队员一般是冲刺能力强，在全队成绩最好。

4×400 m接力，第一棒队员是分道跑，第二棒队员先分道后不分道，通过抢道标志线切入里道，第三、第四棒队员按先后次序在距终点线前后10 m处接力区内接棒，不分道跑完各自的距离。4×400 m接力整个过程，一般是根据队员跑速决定传接棒的方法，也可采用换手传接棒。

(二)接力跑练习方法

(1)各棒次分别练习起跑。

(2)两人一组原地持棒(交替持棒)听信号做出上挑式、下压式和迎面式的传接棒练习。

(3)两人一组20～30 m做行进间慢跑中听信号做传接棒练习。

(4)两人一组40～50 m做行进间快跑中听信号做传接棒练习。

(5)四人一组短程做行进间快跑中听信号做传接棒练习。

(6)四人一组做全程4×100 m接力练习。

三、越野跑

(一)越野跑基本技术

越野跑时，由于跑的地点和环境在变化，所以跑的技术也要因条件的改变而变化。下面介绍的仅是在几种常见地形上的越野跑技术。

(1)在道路上时，采用基本上与中、长距离跑相同的技术，并尽量注意在路面平坦的地方奔跑。

(2)在草地上时，用全脚掌着地，同时留心向前下方看，以免陷入坑洼或碰在石头上。

(3)上坡时，上体应前倾，大腿高抬一些，并用前脚掌着地，小步跑上去。遇到较陡的斜坡，可改用走步的方法或用之字形跑法(走法)。必要时可用单手或双手辅助攀登。

(4)下坡时，上体应稍后倾，并以全脚掌或脚跟着地的方法进行，遇到较陡的下坡或坡面很滑的斜坡，可用侧脚掌着地，甚至采用蹲状并用手在体后牵拉(草、树)、撑(地)的方式行进。到达下坡的末端(一般 8～10 m)，便顺坡势疾跑至平地。

(5)从稍高的地方(1.50 m 以下)往下跳时，可用跨步跳的动作：踏在高处的腿(支撑腿)必须弯曲，另一条腿则向前下方伸出，跳下，两脚着地并以深屈膝来缓和冲击的力量。同时，在落地时，两脚应稍微前后分开，以便继续向前跑。从很高的地方往下跳时，应设法降低下跳的高差，根据情况采用坐地双手撑跳下或侧身单手撑跳下的方法。落地时要注意两腿深屈。

(6)在树林中奔跑时，注意不要被树枝、树叶、藤蔓等刮伤，特别要防止被树枝戳伤眼睛。此时一般都用一手或两手随时护住脸部。

(7)遇到小的沟渠、壕坑、矮的灌木丛或倒伏树木时，要增加跑速，大步跨跳而过；在落地的同时，上体稍向前倾，以便保护腰部，便于继续向前跑。在通过较宽的(2.5～4 m)的沟渠时，需用 15～25 m 的加速跑，采用大跨步跳和跳远的方法越过。应注意做好落地动作，防止后倒。遇到大的倒伏树木、其他矮障碍物，可以用踏过它们的方法越过。遇到较高的障碍物(不超过 2 m)，如矮围栏、土垣等，可用正面助跑蹲跳和一手或双手支撑的方法翻越。

(8)通过独木桥等狭窄悬空的障碍物时，应采取使脚面外转成八字的跑法。如果这类障碍物很长，就不应跑，而应平稳地走过。

(二)安全注意事项

(1)发现问题时应立刻停下脚步分析自己的处境，检视带来的物品和救生装备能否解决问题。若身体受伤，应第一时间进行急救，然后再作打算。

(2)传统的求救方式分为两种：主动式，可以生火点燃火炬或烟幕弹，吸引路人注意；被动式，可以在高处悬挂旗帜或在地上划上求救式字句。其实，最直接的方法自然莫过于利用手机请求协助。

(3)在得知快有暴风雨来临时应先及早躲避或打开帐幕，待天气稳定后继续启程。

(4)由于越野跑者的身体会消耗大量的水分，跑步时应携带充足的水和食物。

(5)预先将竞走的行程和路线资料通知亲友，让别人能及时通知搜救人员找寻你的踪迹。

(6)结伴成行，彼此都能有所照应，既安心又放心。

第三节　跳　跃

一、立定跳远

（一）立定跳远基本技术

整个动作过程(见图 6－3－1)包括预摆、起跳腾空和落地缓冲三部分。

预摆：两脚左右开立，与肩同宽，两臂前后摆动，前摆时，两腿伸直，后摆时，屈膝降低重心，上体稍前倾，手尽量往后摆。要点：上下肢动作协调配合，摆动时一伸二屈降重心，上体稍前倾。

起跳腾空：两脚快速用力蹬地，同时两臂稍屈由后往前上方摆动，向前上方跳起腾空，并充分展体。要点：蹬地快速有力，腿蹬和手摆要协调，空中展体要充分，强调离地前的前脚掌瞬间蹬地动作。

落地缓冲：收腹举腿，小腿往前伸，同时双臂用力往后摆动，并屈膝落地缓冲。要点：小腿前伸的时机把握好，屈腿前伸臂后摆，落地后往前不往后。

图 6－3－1

（二）立定跳远练习方法

(1)蹲跳起：双脚左右开立，脚尖平行，屈膝向下深蹲或半蹲，两臂自然后摆，然后两腿迅速蹬伸，使髋、膝、踝三个关节充分伸直，同时两臂迅速有力向前上摆，最后用脚尖蹬离地面向上跳起，落地时用前脚掌着地屈膝缓冲，接着再跳起。

(2)单脚交换跳：上体正直，膝部伸直，两脚交替向上跳起。跳起时主要用踝关节的力量，用前脚掌快速蹬地跳起，离地时脚面绷直，脚尖向下。原地跳时，可规定跳的时间(30～60 s)或跳的次数(30～60 次)。行进间跳时，可规定跳的距离(20～30 m)。

(3)跑跳步：用右(左)腿直膝向前上方跳起，同时左(右)腿屈膝向上举，右腿落地，然后换腿，用同样的方法跳，两臂配合腿前后大幅度摆动。跳起时踝关节和前脚掌要用力，整个动作连贯轻快。

(4)纵跳摸高：两脚自然开立成半蹲预备姿势，一臂或两臂向上伸直，接着两腿用力蹬伸向上跳起，单手或双手摸高。

(5)蛙跳：两脚分开成半蹲，上体稍前倾，两臂在体后成预备姿势。两腿用力蹬伸，充分伸直髋、膝、踝三个关节，同时两臂迅速前摆，身体向前上方跳起，然后用全脚掌落地屈膝缓冲，两臂摆成预备姿势。

(6)障碍跳：地上放小海绵垫 6～10 块，每块距离 1m 左右。练习者站在垫后，两脚左右开立，脚尖平行，屈膝向下，两臂自然后摆，用脚掌力量向前上方跳过障碍，两臂配合向前上方摆动，落地时屈膝缓冲，落地后迅速做下次跳跃。

(7)跳台阶：两手背在身后，两脚平行开立，屈膝半蹲，用前脚掌力量做连续跳台阶动作。

二、跳远

(一)跳远基本技术

跳远的技术包括助跑、起跳、空中动作、落地四个连续完成动作的技术。决定跳远成绩的主要因素是助跑速度(即水平速度)和起跳高度(即垂直速度)。

1. 助跑技术

助跑是根据个人的训练水平和特点，采用一定的步数、距离和节奏的加速跑。其目的是为了在起跳前获得较高的水平速度，并为准确的起跳创造良好的条件。助跑时采用一定的步数、距离和节奏，一般男子助跑距离是 35 ～45 m，助跑步数 18～24 步；女子助跑距离 30～35 m，助跑步数 16～18 步。一般采用站立式、半蹲式或行进间起跑。站立式或半蹲式起动姿势，第一步的幅度和速度变化小，有利于提高助跑的准确性；行进间助跑起动，先走几步，后慢跑或垫步，再加速助跑。

全程跑的技术，开始几步上体适当前倾，两腿的蹬摆和两臂的摆动积极有力，然后上体逐渐抬起接近垂直，上下肢的摆动幅度加大，蹬摆配合协调有力；最后几步身体重心平稳地前移，保持稳定快速的节奏。

最后一步由于加快起跳腿的换脚动作，步长比倒数第二步稍短(短 20～40 cm)，以便快速有力地起跳。总之，助跑动作要轻松、自然、连贯，节奏积极、稳定。

全程助跑距离的测量方法：用适合个人特点的加速跑方法，从起跳板开始向助跑方向跑进，反复跑 30～45 m，从中找出能充分发挥助跑和起跳动作的助跑距离和步数，反复练习，经过调整，最后确定全程助跑的实际距离和步数。

2. 起跳技术

起跳动作主要包括起跳脚着板、有关部位关节弯曲和起跳腿蹬伸起跳的动作过程。起跳脚上板着地后，因受助跑惯性力和水平速度等因素影响，使起跳腿髋、膝、踝关节被动弯曲缓冲，且迅速过渡到全脚掌支撑，使身体迅速前移至起跳腿支撑点上方，然后起跳腿及时蹬伸，充分伸展髋、膝、踝三关节，上体向上方抬起，摆动腿屈膝快速向前上方摆动。起跳腿同侧臂屈肘向前上方摆动，异侧臂屈肘经体侧向侧后方摆动，完成起跳动作。

3. 空中动作技术

腾空的作用是保持身体的平稳，推迟着地时间，并为落地创造有利条件。起跳腾空后上体应正直，起跳腿自然向后伸展，摆动腿屈膝前摆，大腿高抬保持水平姿势，臂向前上方、向后摆动至侧后上方，形成腾空阶段。跳远的腾空姿势有蹲踞式、挺身式和走步式三种，以下重点介绍挺身式跳远。

挺身式：起跳腾空后，摆动腿伸展膝关节，小腿向前、向下、向后弧形摆动，并后摆与起跳腿靠拢，挺胸展髋成展体挺身姿势，两臂经前向下、向后摆动，收腹举大腿，然后前伸小腿，两臂向上、向前摆动准备落地（见图 6－3－2）。

图 6－3－2

4. 落地技术

当脚跟接触沙面后，两腿屈膝缓冲，髋前移，两臂继续积极前摆，使身体重心迅速移过支持点，身体保持向前移动，上体前倾，完成落地动作。

(二)犯规评定

有下列之一情况即判犯规。

(1)运动员以身体任何部位触及起跳线之前的地面。

(2)从起跳板两端之外起跳，无论是否超过起跳线的延长线。

(3)触及起跳线和落地区之间的地面。

(4)在落地过程中触及落地区以外的地面，而落地区外的触地点较落地区内的最接近触地点更靠近起跳线。

(5)离开落地区时，运动员在落地区外地面的第一触地点较落地区内最接近触地点和在落地区内因身体失去平衡而留下的任何痕迹更靠近起跳线。

(6)在助跑或跳跃中采用任何空翻姿势。

(7)还未通知该运动员试跳，而进行试跳，不管是否成功，都应判该次试跳失败。

(8)无故错过该次试跳顺序。

(9)跳进沙坑之后，应一直向前走或向两侧走出沙坑，如果向后走出沙坑成绩无效。

(10)无故延误时间。

三、跳高

(一)跳高基本技术

跳高是由助跑、起跳和过杆落地三个紧密衔接的运动阶段组成的整体。不同的跳高姿势，各个阶段的动作形式和要求不同。这里只介绍背越式跳高的技术动作和练习方法。

背越式是通过弧线助跑，起跳后背对横杆腾起，而后依次越过横杆的一种跳高技术(见图 6－3－3)。其技术动作如下。

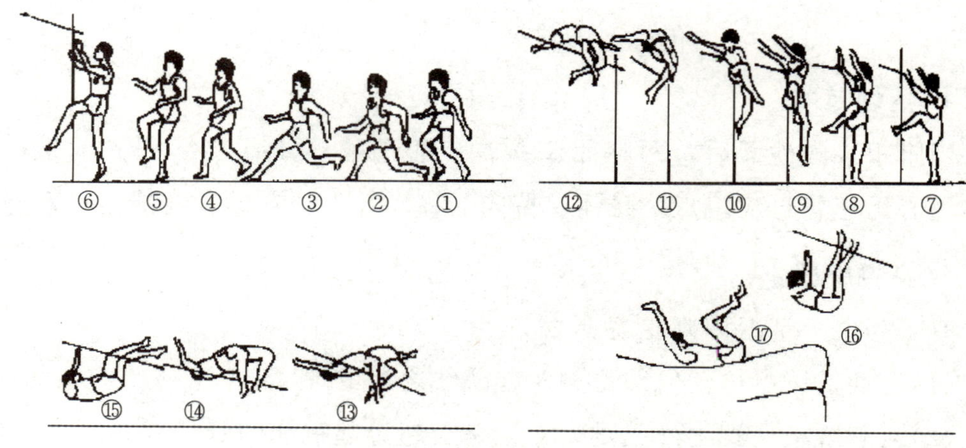

图 6－3－3

1. 助跑(以左脚起跳为例)

背越式跳高的助跑，通常采用前段为直线，后段为弧线的助跑形式。助跑的步数一般为 8～12 步(弧线段一般跑 4 步)，用远离横杆的腿起跳。助跑的最后一步，约与横杆成 30°角。助跑的前几步为直线助跑，重心高而平稳，后蹬充分有力，前摆积极富有弹性，进入弧线段的前一步，身体开始向内倾斜。人体沿弧线跑进时，具体要求与弯道跑技术相似，但向前迈步的大腿不要高抬，适当缩小后蹬角，并把内倾的姿势保持到最后一步。为了充分利用助跑速度，顺利地完成起跳和越过横杆，助跑时需要有一个合理的助跑弧线和准确的步点，其丈量的方法有多种，常采用的是“走步丈量法”。具体方法如下。

(1)确定起跳点的位置。起跳点一般在离近侧跳高架立柱水平距离约1 m，距横杆投影线的垂直距离约60～100 cm处。

(2)从起跳点沿横杆的平行方向走5自然步，然后右转向前走6自然步，并做一转折标记，继续向前走7自然步，最后一步落点即为助跑的起跑点(见图6-3-4)。

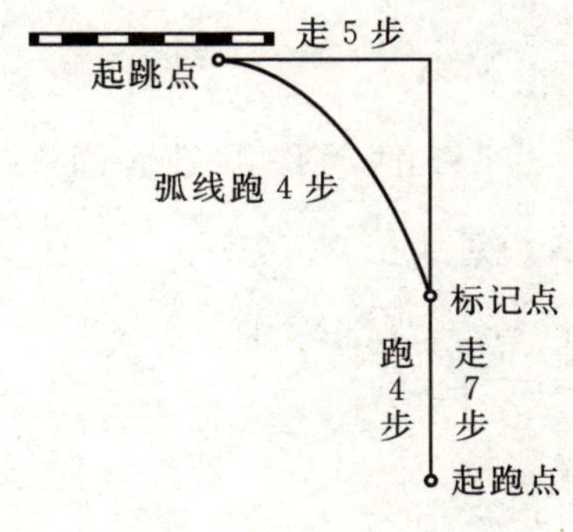

图6-3-4

(3)由转折标记向起跳点划一弧线，这一弧线即为助跑弧线。

该丈量方法，是直线段与弧线段各跑4步的丈量方法。无论采用何种方法丈量的助跑路线，都要反复练习，不断调整与校正，最后确定下来。

2. 起跳

助跑最后一步摆动腿支撑过垂直部位后，起跳腿积极踏向起跳点，此时要依靠摆动腿的有力蹬伸，保持身体内倾姿势向前送髋和前移躯干，并使起跳的一侧的髋超越摆动腿一侧的髋，以及保持肩轴几乎与横杆垂直的位置，形成肩轴与髋轴的扭紧状态。接着，起跳腿以大腿带动小腿积极下压做向下扒地动作。着地时以起跳脚的外侧跟部接触地面，继而通过脚外侧滚动至全脚掌，脚尖朝向弧线的切线方向，随着身体由内倾转为垂直，迅速地完成缓冲和蹬伸动作。蹬伸结束时，髋、膝、踝三关节充分蹬直。在起跳过程中，摆动腿和两臂应协调配合摆动，用力一致。

3. 过杆与落地

在起跳时，由于摆动腿向异侧肩积极摆起和骨盆的转动，身体获得了绕纵轴旋转的动力，使腾起后身体逐渐转为背对横杆的姿势(见图 6-3-3⑧)，这时摆动腿的膝关节放松并自然下垂。当肩背高于横杆时倒肩、抬头、挺胸，身体向水平方向伸展，同时提臀挺髋，两膝弯曲稍向外分开，小腿放松下垂，身体成反弓形(见图 6-3-3⑨～⑬)。头与肩过杆后下沉，两膝升至最高点(见图 6-3-3⑭)，臀部过杆后，及时低头收腹，小腿向上甩起，使整个身体越过横杆(见图 6-3-3⑮⑯)，身体过杆以后，背部落于海绵垫上(见图 6-3-3⑰)。

过杆与落地技术要求：过杆时动作顺势、连贯、自然；过杆时倒肩仰头的时机要适宜，过早或过晚都影响过杆；杆上挺胸，小腿下放要主动，身体反弓要明显；要甩腿过杆，背部落地。

第四节　投　掷

一、投掷项目简介

投掷运动是一项体育运动项目，起源于古希腊。古希腊著名雕塑家米隆大约在公元前450年的代表作《掷铁饼者》，说明了投掷运动的历史源远流长。在古代奥运会上投掷比赛所用的器材都是扁圆的石块，重量没有统一的标准。比赛时，运动员站在一个石台上，做几次预摆后将石块掷出，用距离和姿势来确定优胜者。投掷运动在古希腊古奥林匹克运动会就有了，是人类最早的运动项目之一。投掷在远古时代有着巨大的实用意义，作为狩猎最主要的手段，投掷考验人类的力量与勇气。现代运动中，投掷项目更考验人类技术运用的合理性。奥运会正式竞赛项目有铅球、铁饼、标枪、链球，学校开展的投掷项目还有抛实心球、掷垒球等。

二、抛实心球

(一)抛实心球基本技术

1. 动作技术环节

(1)握球和持球。握球的方法：两手十指自然分开把球放在两手中间，两手的食指、中指、无名指和小指放在球的两侧将球夹持，(男生两食指接触，女生两食指中间距离为 1～2 cm)，两大拇指紧扣在球的后上方成“八”字，以保持球的稳定。握球后，两手下垂自然置于身体前下方，这样可以节省力量，在预摆时增大摆动幅度，握球和持球时应注意：①球应握稳，两臂肌肉放松；②在动作过程中能控制好球并有利于充分发挥两臂、手指和手腕的力量(见图 6－4－1)。

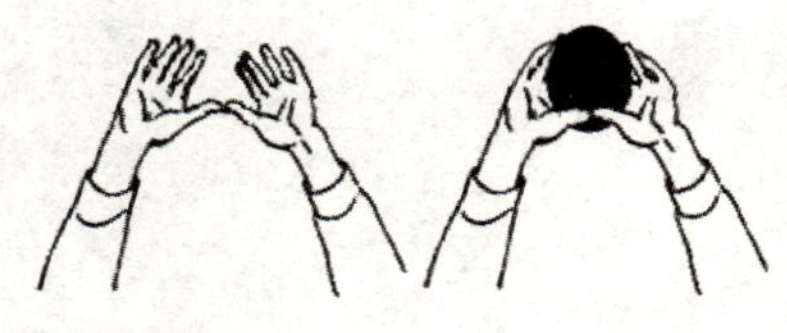

图 6－4－1

(2)预备姿势。两脚前后开立，前脚掌离起掷线 20～30 cm，前后脚距离约一脚掌，左右脚间距离半脚掌，后脚脚跟稍微离地，两手持球自然，身体肌肉放松，重心落在两脚中间偏前，眼睛看前上方，然后再抛出去。

(3)预摆。预摆为最后用力提高实心球的初速度创造了良好条件，预摆次数因人而定，一般是一至二次，当最后一次预摆时，此时球依次是从前下方经过胸前至头后上方，加速球的摆速，此时上体后仰，身体形成反弓形，同时吸气(见图 6-4-2)。

图 6-4-2

(4)最后用力。最后用力是投掷实心球的主要环节，动作是否正确直接影响球的初速度及抛球角度。最后用力动作是当预摆结束时两手握球用力积极从后上方向前上方前摆，此时的动作特点是蹬腿、送髋、腰腹急震用力，两臂用力前摆并向前拨指和腕，旨在提高手臂的鞭打速度(见图 6-4-3)。

图 6-4-3

(5)掷球后的缓冲。实心球出手后，后脚可向前迈出一步，缓冲向前的力量，以维持身体的平衡(见图 6-4-4)。

图 6-4-4

(二)抛实心球练习方法

(1)徒手模仿练习：多做抬头预摆练习，摆到头后最大值，将肩关节充分拉开，使下肢超越躯干、躯干(胸部)超越上肢。

(2)挥臂练习：多做原地屈膝、展胸、摆球后，向体前砸球的练习，体会全身协调用力。

(3)完整动作练习：有条件的地方可以让学生对着“足球墙”掷，调整与“足球墙”的距离及砸在墙上的高度，来纠正出手的时机和角度。

(4)前抛练习：将学生分成两组迎面站立，距离15～20 m，学生将1 kg重实心球双臂举过头顶置于脑后，两脚自然分开平行站立或前后站立，利用腰腹力量及上肢力量用力向前抛出，看谁抛得远。

(5)后抛练习：学生背向抛掷方向，两脚自然分开平行站立，双手持球双臂伸直，体前屈，挺胸展体，双腿双臂同时用力，将球从头顶向后抛出。

(6)旋转练习：学生两脚自然分开，持球于体前，两臂伸直，以左(右)腿为轴，旋转一周从体前抛出(如同抛链球方法)，或单手持球用抛掷铁饼的方法抛出。

(7)下抛练习：背向抛掷方向，两脚自然分开，比肩稍宽，双手将球举起到头顶，屈体，收腹，用力将球从两腿中间向后抛出。

第五节　田径运动与健身实践

一、跑步的锻炼方法

(1)慢速放松跑：就是不加任何努力地慢跑。一般慢跑时感到轻松舒服，无疲劳感，心率控制在110～130次/min，呼吸自然，稍有气喘。动作无要求。一般每周练2～3次，每次练习20 min左右。坚持经常锻炼，对呼吸系统、心血管系统等有明显好处。

(2)中速跑步法：是用一定的意志努力，速度在5 m/s或心率在140～150次/min的跑步方法。这种方法是较流行的中等强度健身法。这种方法对增强心脏功能，调节内脏平衡等有显著的效果。但练习中应注意做好准备活动，放松活动，练习感到明显疲劳，就要停止跑步，做一些放松练习。每周练习1～2次，每次练到疲劳为止。

(3)快速跑步法：是用较大意志努力，以较快的速度向前跑步的方法，练习时心率一般都在人体最高水平，170～180次/min。这种跑法运动强度较大，持续时间较短，一般几秒钟，但可以重复练习。每周练习1～2次就可以了，每次重复3～6次。练习中应循序渐进，做好准备活动和放松整理活动，防止疲劳过度。这种方法对提高人体无氧耐受力，肌肉功能，以及心脏功能有一定作用。有内脏慢性病，心血管、肝、肾病者不能练习，防止重病发生。

(4)变速跑步法：就是采用快慢结合、走跑结合的交替练习方法。这种跑步法适用于中年中后期人员，由于运动量变化较大，练习时可根据个人锻炼水平，控制练习的时间和跑速。一般来说，体质较好的中年人，可快跑与慢跑交替进行，体质较差的中年人，可慢跑与走步交替练习，练习时间控制在感到疲劳明显时结束练习，做一些放松活动，并循序渐进地提高练习要求。

(5)定时跑步法：就是限定一定时间，进行跑步移动距离，或限定一定距离，缩短跑步时间的练习方法。比较有名的定时跑是 12 min 跑和 6 min 跑，用来评价自我锻炼的效果和身体功能水平。经常进行定时跑练习，可以帮助自我了解身体状况，锻炼中如出现难以跑下去的疲劳极点现象，应逐步放慢跑速，甚至停止练习，以防发病现象出现，做好放松活动。

(6)原地跑练习法：就是在固定的一块小地方做原地跑步动作的练习方法，如在房间里、阳台上、跑台上做跑的动作，持续练习。这种方法不受场地、气候、设备条件限制，是一种较为方便的锻炼方法。但练习时间应较长，重复步数应较多，一般要练习 10 min 以上，才相当于跑进 800 m 距离的慢跑运动量。因此，要求练习时间较长，练习时大腿抬高一些，重复次数加快些，锻炼效果就好些。这种方法适用于户外无法练习时，或有疾病做康复保健练习时。

(7)后退跑练习法：背对前进方向的一种跑动方法。后退跑时，两脚提踵，用脚前掌交替蹬地提膝向后跑动，上体放松。

(8)越野跑练习法：是在野外自然环境中进行的一种中长距离的赛跑。越野跑既是独立的竞赛项目，也是各项运动经常采用的训练手段，以及大众的健身方法。越野跑没有固定的距离，也不受场地器材的限制，每次练习或比赛都是按当时当地的自然环境条件选择路线。越野跑的益处类似跑步机的效果，而与跑步机上乏味的长跑相比，越野跑可以锻炼更多的肌肉，这种在野外清新的环境中的奔跑，可以使肌肉放松，身体的负荷与精神的专注不断地交替进行。在这种情况下，所有参加者的身体，特别是呼吸与心血管系统都将得到较大的锻炼。

二、跳跃练习方法

(1)慢蹲起：双脚分开，与肩同宽。慢慢蹲下，到了深蹲的位置，然后慢慢起身。起身和蹲下都以 4 s 为佳。同时，保持头抬起和背直立。

(2)平行跳：最好有条标准线。把线摆在身侧，选一个合适的长度，不要在开始的时候太长，0.5～1 m 即可。然后平行跳。来回算一次。

(3)换腿蹲跳：身体站直，往前跨一步，这是开始姿势。然后最大限度地跳，在空中换腿。

(4)不屈膝跳：站立跳跃，但在跳跃的过程中，不弯曲膝盖。

(5)正方形四边跳：在身前标记一个正方形，边长半米即可。随后身体保持一个朝向，跳正方形的四个点。跳完一个正方形算一次。

(6)高抬腿跳：蹲跳，跳的同时把腿尽量往上抬。

(7)极限蹲跳：蹲跳，跳到极限高度。可以在篮板下做，每次都尽量摸到同一个高度。

(8)跳绳练习：借助绳子做跳跃的相关练习。

弹跳力是全身力量、跑动速度、反应速度、身体协调性、柔韧性、灵活性的综合体现。所以不可以认为提高弹跳就只是跳跳就行了。必须坚持每天拉伸自己全身各部位的肌腱、韧带、肌肉，扩大关节的活动范围，同时，做各种复杂的有利于提高身体协调性的体操。动作要准确、优美，既有力又放松。

三、投掷项目锻炼注意事项

投掷类项目，要求具有高度的速度力量、柔韧性以及大幅度协调用力的能力。因此，练习者必须具有强有力的躯干、腰、髋及上下肢肌肉收缩力量和收缩速度。投掷类项目技术动作是在幅度大、协调性和灵活性高的情况下完成的。所以，对手腕、肘、肩关节、胸、腰、髋的柔韧性和灵活性提出较高的要求，由于项目的特点，在日常的训练中运动员的肘、肩关节也成了容易损伤的部位。

1. 要有针对性地做好专项准备活动

在进行专项技术训练时，教练员除了要求运动员在做好一般性准备活动后，要有针对性地做好进行专项技术训练前的专项准备活动，如采用杠铃杆进行肩上绕环、手臂的屈伸等练习，使运动员逐渐地把肩关节、肘关节部位的肌肉、韧带全面地活动开，很快达到适宜进行投掷专项技术练习的状态。

2. 要重视提高运动员容易受伤部位肩关节、肘关节的机能练习

为了预防和防止运动员肩、肘等部位受伤，教练员在训练教案中和训

练方法、手段、练习的内容中要对此有具体体现和要求，进行练习前适当加大这一部位的力量、柔韧性和灵活性练习。平时要注意发展运动员小肌肉群的力量，早日形成保护层，这一过程并不是通过一堂课和一个阶段的训练所能完成的，要体现在常年的训练计划中。

3. 教练员要及时纠正运动员在专项技术训练中的错误动作

在教学训练过程中，教练员若发现运动员在专项技术训练中出现错误动作时，如标枪练习，在最后用力翻满弓时，肘关节翻不上来，出现“撇枪”，力量用不到标枪的纵轴时，这时也最容易使运动员受伤，此时应该及时纠正，避免运动员受伤。

4. 教学训练中采用不同的训练方法、手段达到同样的训练目的

在教学训练中，教练员要根据项目的技术特点，可以采用不同的投掷方法。如单手投、双手投、原地投、上步投等。不同的重量，如先投重、再投轻。不同的器械，如实心球、小铁球、棒垒球等，来达到同样的教学目的。发展运动员专项所需的快速力量，速度以及专项投掷能力，专项技术所需的素质，在运动员早期训练中打下坚实基础。

思考题

1. 试述田径运动的发展史。
2. 田径健身运动具有哪些价值？
3. 田径健身运动具有哪些特点？
4. 田径运动由哪些技能组成？

知识窗

奥运会田径运动项目的比赛有47个，其中男子项目24个，女子项目23个。

男子：100米跑、200米跑、400米跑、800米跑、1500米跑、5000米跑、10000米跑、马拉松跑、3000米障碍跑、110米跨栏跑、400米跨栏跑、跳高、撑杆跳高、跳远、三级跳远、铅球、铁饼、链球、标枪、十项全能、20公里竞走、50公里竞走、4×100米接力、4×400米接力。

女子：100米跑、200米跑、400米跑、800米跑、1500米跑、5000米跑、10000米跑、马拉松跑、100米跨栏跑、400米跨栏跑、跳高、跳远、三级跳、撑杆跳高、铅球、铁饼、标枪、链球、七项全能、4×100米接力、4×400米接力、20公里竞走。

混合项目：女子七项全能以及男子十项全能。

公路赛：马拉松、男子20公里和50公里竞走，以及女子10公里竞走。

第七章

球类运动

知识窗

19 世纪末，欧洲盛行网球运动，但由于受到场地和天气的限制，英国有些大学生便把网球移到室内，以餐桌为球台，书作球网，用羊皮纸做球拍，在餐桌上打来打去。1890 年，几位驻守印度的英国海军军官偶然发觉在一张不大的台子上玩网球颇为刺激。后来他们改用实心橡胶代替弹性不大的实心球，随后改为空心的塑料球，并用木板代替了网拍，在桌子上进行……

第一节 篮 球

一、篮球运动概述

篮球起源于美国马萨诸塞州，由詹姆斯·奈史密斯创造，是奥运会核心比赛项目，是以手为中心的身体对抗性体育运动。

对于篮球，主要的国际性篮球组织是成立于1932年总部设在瑞士日内瓦的国际篮球联合会(国际业余篮球联合会)。当今世界篮球水平最高的联赛是美国职业篮球联赛(NBA)。代表中国的水平最高的联赛是中国男子篮球职业联赛(CBA)。

二、篮球基本技术

篮球技术是篮球运动的基础，它是篮球教学的重点。在这里主要对移动、传接球、运球、投篮、持球突破、个人防守、抢球、断球、抢篮板球等各项基本技术的动作要领进行叙述。

(一)移动

1. 移动的基本技术

(1)基本站立姿势。两脚前后或左右开立，两脚与肩同宽或稍宽，两膝微屈，重心保持在两脚之间，上体略向前倾，两臂自然屈肘下垂，置于体侧，抬头、收腹、含胸，两眼注视场上情况。

(2)起动。起动是队员在球场上由静止状态变为运动状态的一种动作，是获得位移初速度的方法。

(3)变向跑。变向跑是队员在跑动中突然改变方向的一种脚步动作。

(4)侧身跑。跑动是为了观察场上情况并随时准备接侧耳后方传来的球而经常采用的跑动方法。

动作要领：脚尖和膝盖对着跑动方向，头和腰部向球的方向扭转，侧肩，上体和两臂放松，随时观察场上情况。

(5)急停。①跨步急停：急停时的第一步跨出稍大，脚跟先着地滚动到前脚掌撑地，脚尖由向前方转为向侧前方，同时重心下降，并先落在后脚上，身体稍向后坐，以减缓向前的冲力。第二步着地时，前脚下掌内侧用力蹬地，两膝弯曲并内收，重心落在两脚之间。②跳步急停：队员在跑动时用单脚起跳，两脚同时落地(略比肩宽)，前脚掌用力蹬地，两膝迅速弯曲，重心下降。两臂屈肘张开，保持身体平衡。

(6)转身。转身是利用一只脚做中枢脚，另一只脚蹬地向不同方向跨移，改变原来身体方向的一种方法。①前转身：转身时移动脚向自己身前(中枢脚前的方向)跨出的同时，中枢脚碾地旋转使身体改变方向。动作要点：屈膝提踵，重心平稳。②后转身：移动脚蹬地向自己身后(中枢脚后的方向)跨出的同时，中枢脚碾地旋转使身体改变方向。动作要点：两脚用力蹬碾地，重心平稳不起伏。

(7)滑步。滑步是队员防守时移动的主要步法。滑步一般分为侧滑步和前、后滑步。①侧滑步：两脚左右开立，两臂张开。向左侧滑步时，右脚前脚掌内侧用力蹬地的同时，左脚向左跨出一步，右脚在左脚落地的同时紧随滑动，重心保持在两脚之间。向右侧滑步时动作相反。动作要点：蹬、跨、滑。②前、后滑步：前、后滑步的动作方法和要点与侧滑步相仿，只是方向不同。

2. 移动技术的练习方法

听信号或看信号向不同方向起动；原地运球，听、看信号做运球起动；在球场上规定路线练习变速跑、变向跑、侧身跑、各种滑步等。

(二)传接球

1. 双手胸前传球

动作要领：两手五指自然张开，两大拇指成八字形，用指根以上部位持球，掌心空出。传球时，两臂前伸，手腕由下向上转动，再由内外翻，急促抖腕，同时拇指用力下压，食、中指用力弹拨，将球传出。

2. 单手肩上传球

动作要领：(以右手为例)双手胸前握球，两脚前后站立，左脚在前，左肩对传球方向，将球引至右肩，右手持球，肘关节外展，右手腕后仰，指根以上托球，掌心空出，重心落在右脚上。传球时，右脚蹬地，转体，前臂迅速向前挥摆，手腕前屈，通过拇指、食指、中指拨球，将球传出。球出手后身体重心随之移到左脚上。

3. 接球

接球分双手接球和单手接球两种。不论哪一种接球，眼睛都要注视球，肩臂放松，手臂要半屈迎向球，手指自然分开、放松。当手指触球时手臂立即随球后引缓冲来球力量，将球握于胸前，保持身体平衡，并做好投篮、传球、突破的准备。

4. 传接球技术的练习方法

(1)两人一组，相对站立，做各种传接球练习。

(2)三人一组成等边三角形站立，相距 3～5 m，采用各种方法传球。

(3)两人一组，一人原地向另一人前、后、左、右方向传球，另一人移动接球。

(三)投篮

1. 原地双手胸前投篮

双手持球在胸部以上(高度在肩部附近)，肘关节自然下垂，上体稍前倾，两脚前后或左右站立，两膝微屈，重心落在两脚之间，目视投篮目标。投篮时，两脚前脚掌蹬地，腰腹伸展，同时两臂向前上方伸出，两臂即将伸直时两手腕同时外翻，拇指向前压送，指端拨球将球投出，最后腿、腰、臂自然伸直(见图 7-1-1)。

图 7-1-1

2. 原地单手肩上投篮

(以右手为例)右手五指自然分开(手心空出),指根以上部位触球,向后屈腕、屈肘持球于肩上耳部左右,左手扶球的左侧,重心放在两脚之间,两膝微屈,目视投篮目标。投篮时,两脚前脚掌用力蹬地,伸展腰腹,抬肘,手臂上伸,即将伸直时,手腕用力前屈,手指拨球,球最后以中指和食指的指端投出。球出手后,腿、腰、臂自然伸直(见图 7-1-2)。

图 7-1-2

3. 行进间投篮(行进间单手低手投篮为例)

动作要领:(以右手投篮为例)右脚跨出一大步,在落地前按球,左脚紧接跨出,步幅稍小,不要减速,有力蹬地向前上方起跳,同时双手持球移至体右侧耳上举,左手离球,右手掌心向上托球,向球篮方向伸出,接着向上屈腕,食指、中指、无名指向上拨球投出(见图 7-1-3)。

图 7-1-3

4. 投篮技术的练习方法

(1) 徒手做各种投篮动作的模仿练习。

(2) 原地单手肩上投篮，距离由近到远。

(3) 半场运球行进间单手肩上投篮和低手投篮。

(4) 行进间接传球单手肩上投篮和低手投篮。

(四)运球

1. 运球的基本技术

(1)高运球。多用于快速运球，提高运球高度加大反弹距离，与快速奔跑相结合。

动作要领：膝微屈，上体稍前倾，目视前方，手按球的后半部，球落点在人的侧耳前方，球的反弹高度在腰胸之间，手脚要协调配合，这种运球身体重心较高、便于观察场上情况。

(2)低运球。如果运球接近防守队员或防守队员来抢球时，运球队员应改用低运球突破对手，用身体保护球，并善于运用假动作摆脱防守。

动作要领：运球高度在膝关节以下，为了保护球，运球者应该使球、自己和防守者三者保持一条线，不运球的手臂要抬起。

(3)体前变向运球。(以从对手右侧突破为例)当快速直线运球即将接近对手时，先向对方左侧运球，使对手误认为向其左手突破，当对手堵截左方或重心稍有移位，运球队员立即向左侧变向，右手按球的右后上方，将球由自己的右侧运至左侧前方，同时右脚迅速向左前方跨出，脚下落点在对手右脚侧面，脚下尖向前，右脚跨步的同时上体向左转，用肩背挡住对手，然后换左手按球后上方，同时左脚用力蹬地、加速，超越对手(见图7－1－4)。

图7－1－4

(4)运球后转身。(以右手运球为例)当对手逼近自己的右侧时，左脚上步置于对手两腿之间，左脚为轴脚，右脚脚内侧蹬地，同时，后转身将球拉引向自己身体左侧，用身体背部挡住对手，左脚迅速上步加速。依据场上情况左手与右手均可运球以从对手右侧突破(见图7－1－5)。

图7－1－5

2. 运球技术的练习方法

(1)一人一球，原地做高、低运球，侧身做体前换手变向运球、运球转身等练习。

(2)一人一球，做侧身体前换手变向运球、运球转身突破障碍物等练习。

(五)持球突破

持球突破是持球队员运用脚步动作与运球技术相结合，达到超越对手的一种进攻技术。

1. 持球突破技术

(1)交叉步持球突破。(以右脚做中枢脚为例)两脚左右开立，两膝弯曲，两手持球于胸腹间。突破时，左脚前脚掌内侧用力蹬地，上体向右转移，左肩向前下压，左脚向右侧前方跨出，在右脚离地前，运球在左脚的右侧前方，右脚迅速蹬地跨步超越对手。动作要点：转体、侧肩、加速(见图 7-1-6)。

图 7-1-6

(2)顺步持球突破。以左脚做中枢脚为例。两脚左右开立，两膝弯曲，两手持球于胸腹间。突破时右脚向右前方跨出一步，同时向右转体侧肩，重心前移，右手运球，左脚前脚掌用力蹬地向右前方跨出(见图 7-1-7)。动作要点：转体、侧肩、加速。

图 7-1-7

2. 持球突破技术的练习方法

(1)两人一球，一攻一守做持球突破练习。

(2)原地持球突破练习，掌握交叉步突破和同侧步突破的动作方法。

(3)向前、侧方抛球，然后做跳步接球突破练习。

(六)防守对手

防守对手，是指队员在防守时，为了阻挠和破坏对手的进攻，达到夺球反攻的目的所采取各种专门动作方法的总称。

1. 防守无球队员

在篮球比赛中，防守队员大部分时间是防守无球队员，防守无球队员的主要任务是不让或少让对手在有效攻击区内接到球。尽可能抢、断传自己对手或穿越自己防守区域的球。

(1)防守无球队员的基本要求。①防守队员必须随时占据“人球兼顾”的位置。②及时堵卡对手的传球移动路线。随时做好抢断传给对手球的准备。

(2)防守无球队员基本位置选择。防守队员要根据对手、球篮、球的位置和距离，以及对手的身高、速度、进攻特点、战术需要和自己的防守能力来确定防守位置和距离。防守外围无球队员时，应站在对手与球篮之间偏向有球一侧的位置上。防守篮下高大中锋时，应根据实际情况和战术需要采用贴近对手一侧或绕前、绕后的防守。

(3)防守无球队员的移动。比赛中，无球队员不断向各个方向移动，静止站立是极短暂的。因此，对无球队员的防守大部分时间是在移动中进行防守的。在移动防守过程中，经常采取的移动步法有各种滑步、撤步、上步、转身、侧身跑等，并且都是在随时变化中运用的，其目的为积极抢占有利位置，不让对手在有威胁的位置上接到球。

2. 防守有球队员

进攻队员一旦接到球，防守者要及时调整与对手的位置和距离。根据对手不同的进攻位置和特点，采用有所侧重的防守方法。

(1)防投篮。一只手轻贴对手身体，一只手抬起，扰乱对手的投球注意力，必要时跳起盖帽，但不要轻易就起跳，容易被对方假动作欺骗。

(2)防突破。身体保持好重心，稍微与对手拉开距离，一手向前平伸，全力注意对手的移动，及时封住对手的突破路线。

(3)防运球。与防守突破一样，当防守时，多向前后移动，做抢球的动作，给对手压力。

3. 防守对手的练习方法

(1)半场四攻四守、半场二攻二、三攻三。

(2)半场一对一攻防练习。

三、篮球基本战术

篮球战术是指在篮球比赛中两人之间有目的、有组织、协调行动的简单攻守配合方法。篮球战术基础配合包括进攻战术基础配合和防守战术基础配合两个部分。

(一)进攻战术基础配合

进攻战术基础配合包括传切配合、突分配合、策应配合和掩护配合。

1. 传切配合

传切配合包括一传一切和空切配合。在配合过程中，切入队员的动作要突然，要利用速度和假动作摆脱防守，持球队员则要有攻击性，能够以投篮和突破动作吸引防守队员的注意力，以便能及时、准确地用不同的传球方式从防守空隙中将球传给切入的同伴。

(1)④传球给⑤后利用速度和假动作摆脱❹的防守，切入篮下接⑤的回传球上篮。⑤接球前，用假动作摆脱防守，接球后做投篮或突破的动作吸引❺的防守，并及时将球传给切入的④上篮(见图 7-1-8)。

(2)④传球给上移接球的⑤，⑤接球后以假动作吸引防守❺，此时另一侧⑥做假动作摆脱❻，空切篮下接⑤传球上篮，⑤去冲抢篮板球(见图 7-1-9)。

图 7-1-8

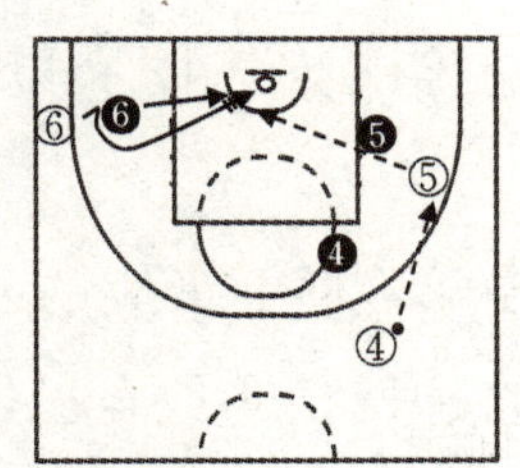

图 7-1-9

图例说明：(下同)进攻队员④，防守队员❹，持球队员④●，无球移动⟶，传球路线- - ➝，运球路线⟿，投篮⟶➝，掩护——⟨，夹击⟋⟍

2. 突分配合

进攻队员持球或运球突破，遇到对方协防时，及时将球传给插入防守空隙地带接应的同伴，这种突破中根据情况及时传球的配合叫突分配合。突分配合主要用于对方采用缩小盯人和松动盯人防守战术，而己方外围投篮又不准的情况下使用。

(1) ④运球突破❹的防守，❺上移补防，④将球传给插入篮下的⑤，⑤立即投篮，如遇❺的回防，由于已抢占篮下有利位置，应该强攻(见图7－1－10)。

(2) ④传球给⑤，⑤突破❺进入篮下，❻进行补防，⑤可将球传给从不同方向插入的⑥，⑥接到⑤的分球后立即投篮，如遇到❻的回防，争取强攻(见图7－1－11)。

图7－1－10

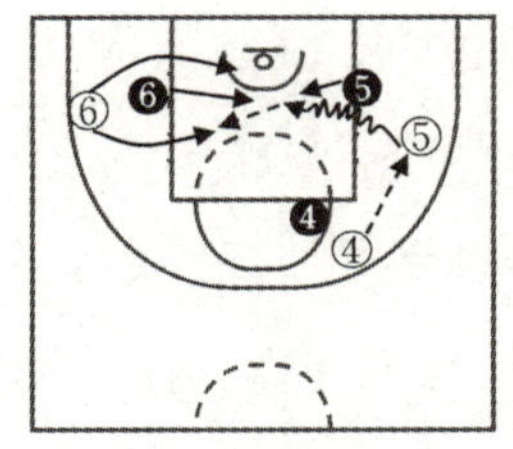

图7－1－11

3. 策应配合

策应配合是内线队员背对或侧对球篮接球，并作为进攻的枢纽，与同伴的切入、急停跳投等技术相结合，以摆脱防守传给外线同伴投篮的一种配合形式。

(1) ④传球给插上策应的⑤，④用假动作摆脱❹的防守插入篮下要球，⑤可视情况将球回传④或自己运球进攻篮下，或转身跳投(见图7－1－12)。

(2) ④传球给插上策应的⑤后切入篮下要球或抢篮板球，⑤接球后准备进攻❺，❻此时去补防④，⑤将球传给出现更好机会的⑥进攻投篮(见图7－1－13)。

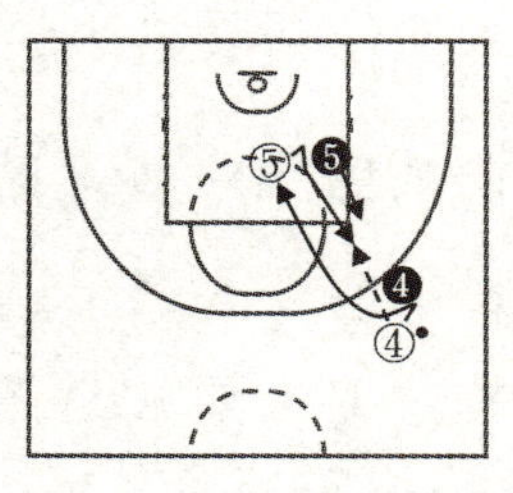

图 7－1－12

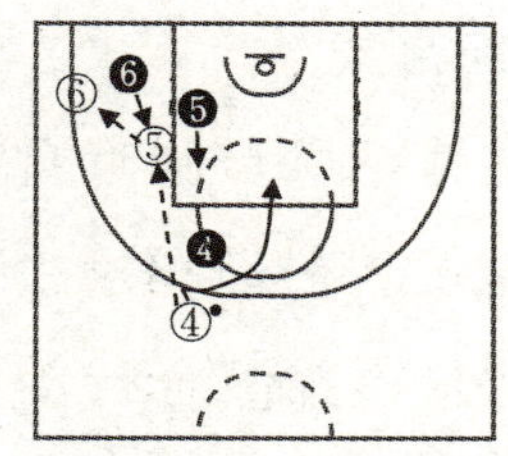

图 7－1－13

4. 掩护配合

掩护是进攻队员利用合理的技术动作，用自己的身体挡住同伴防守队员的移动路线，使防守同伴的队员被阻挡，同伴借此摆脱防守，从而创造一种有效的进攻配合。根据掩护者的不同位置和掩护方向，掩护可分为前掩护、侧掩护和后掩护。

(1)前掩护。⑥传球给⑤，先向左做要球的假动作，然后快速向篮下插去，如❻也随之插向篮下，则利用❹和④做掩护，到限制区外接球；⑤接到⑥传球后，见⑥从限制区内跑出要球，则传球给⑥，这时⑥借④前掩护接球跳投(见图 7－1－14)。

(2)侧掩护。⑥传球给⑤，先向右做假动作，然后向左插去，到❺左侧停住，给⑤做侧掩护，⑤借⑥的掩护快速从❺的左侧运球上篮(见图 7－1－15)。

(3)后掩护。⑥传球给⑤，④提上给⑤做后掩护，⑤借④掩护从❺右侧运球上篮(见图 7－1－16)。

图 7－1－14

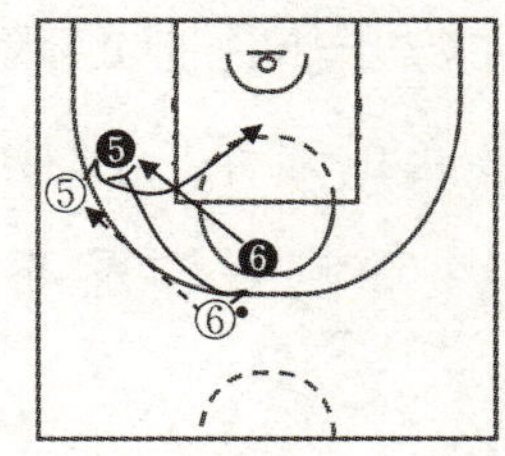

图 7－1－15

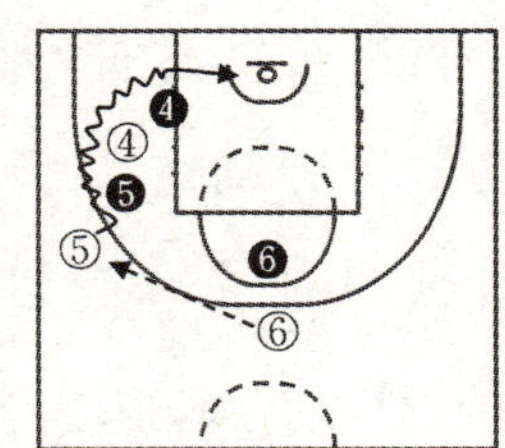

图 7－1－16

(二)防守战术基础配合

防守战术基础配合包括：抢过配合、穿过配合、绕过配合、交换配合。

1. 抢过配合

防守者在掩护队员临近自己时，要积极向前跨出一步，贴近自己的防守对手，从掩护者前面抢过去，继续防住自己的对手。防守掩护队员的同伴，要及时呼应，并配合行动，以备补防。抢过时，要贴近进攻者，迅速抢前一步的动作要及时、突然、有力。发现对方掩护，一定要提醒同伴。要选择好有利协防的位置，密切注意两名进攻者的行动，及时做好补防(见图 7－1－17)。

2. 穿过配合

当进攻队员进行掩护时，防守去做掩护的队员要及时提醒同伴并主动后撤一步，让同伴及时从自己和掩护队员之间穿过，以便继续防住各自的对手。防掩护的队员及时提醒同伴并主动让路，穿过队员要迅速穿过，并调整防守位置和距离(见图 7－1－18)。

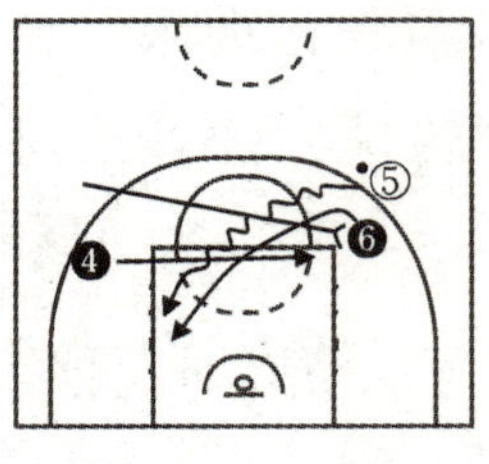

图 7－1－17

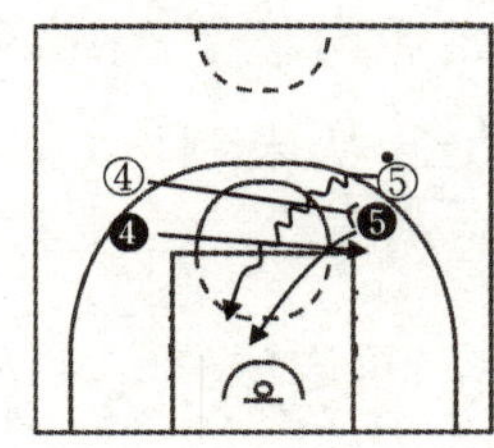

图 7－1－18

3. 绕过配合

当进攻队员进行掩护时，防守作掩护的队员主动贴近对手，让同伴从自己的身旁绕过，继续防住各自的对手。防掩护者要及时提醒同伴，并贴近自己的对手，绕过队员要及时调整位置和距离，继续防住对手(见图 7－1－19)。

4. 交换配合

防守队员之间应及时地呼应交换自己所防守的对手。交换防守时，防守掩护者的队员要主动发出换人信号，两人准备换防。防守队员要到位交换，及时换防。运用交换防守后，应在适当时机再换防，以免在个人防守力量对比上失衡(见图 7-1-20)。

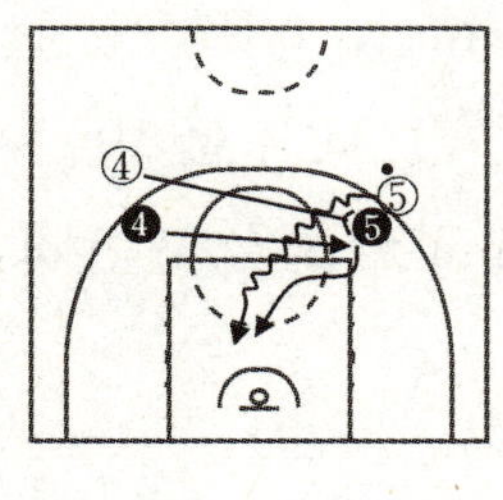

图 7-1-19

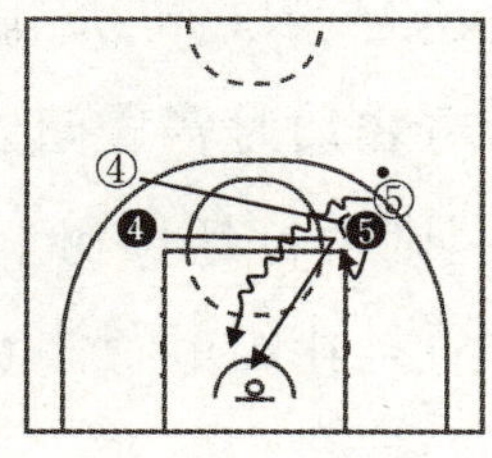

图 7-1-20

(三)快攻与防守快攻

1. 快攻战术

快攻战术是由防守转入进攻时，全队以最快的速度、最短的时间，乘对方防守立足未稳，力争造成人数上或位置上的优势，或创造以多打少或无人防守或人数相等的有利攻击时机，果断而合理地进行快速攻击的一种进攻战术。快攻在组织形式上分为长传快攻、短传结合运球快攻、运球突破快攻三种。

2. 防守快攻战术

(1)全队首先要积极防守，保持攻守平衡，进攻投篮后既要有人积极拼抢篮板球，又要有人迅速退守。

(2)积极封截和破坏对方的一传接应，抢占对方习惯的接应点并堵截接应队员，堵截、干扰、延误对方的推进速度。

(3)要具有积极拼抢的意识，当对方形成快攻时，应快速退守，在以少防多的情况下，大胆出击，赢得时间和力量上的均衡。

(4)要随机变换防守战术，在失去球后，立即采取前场紧逼防守，退回后场，采用半场人盯人防守，使对方不适应，破坏其快攻。

四、篮球竞赛规则简介

(一)五人制篮球基本规则

1. 比赛方法

一个队五人，其中一人为队长，候补球员最多七人，但可依主办单位要求而增加人数。比赛分四节，每节各 10 min，NBA 为 12 min，每节之间休息 5 min，NBA 为 130 s，中场休息 10 min，NBA 为 15 min。另外，NBA 中在第 4 节和加时赛之间以及任何加时赛之间休息 100 s。比赛结束两队积分相同时，则举行延长赛 5 min，若 5 min 后比分仍相同，则再次进行 5 min延长赛，直至比出胜负为止。

2. 得分种类

球投进篮筐经裁判认可后，便算得分。3 分线内侧投入可得 2 分；3 分线外侧投入可得 3 分，罚球投进得 1 分。

3. 进行方式

比赛开始由两队各推出一名跳球员至中央跳球区，由主审裁判抛球双方跳球，开始比赛。

4. 选手替换

每次替换选手要在 20 s 内完成，替换次数则不限定。交换选手的时间选在有人犯规、争球、叫暂停等。裁判可暂时中止球赛的计时。

5. 罚球

每名球员各有 4 次被允许犯规的机会，第 5 次犯满即退场(NBA 为 6 次)，且不能在同一场比赛中再度上场。罚球要站在罚球线后，从裁判手中接过球后 10 s 内要投篮。在投篮后，球触到篮筐前均不能踩越罚球线。

6. 违例

(1)普通违例：如带球走步、两次运球(双带)、脚踢球或以拳击球。

(2)跳球违例：跳球球员以外的人不可在跳球者触到球之前进入中央跳球区。

(二)三人篮球规则

1. 场地

标准的半个篮球场地(14 m×15 m)，或按半场比例适当缩小(长度减 2 m，宽度减 1 m)，地面坚实，场地界线外有 1.5～2 m 的安全地带(图 7－1－21)。

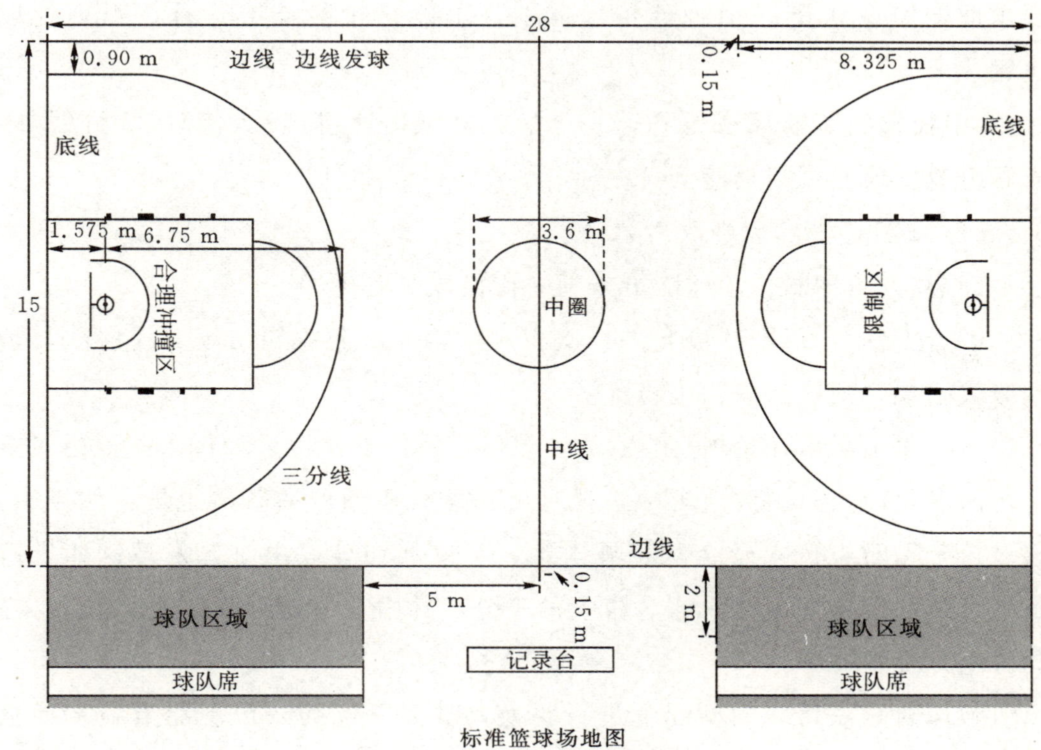

图 7-1-21 标准篮球场地图

2. 除下列特殊规则外，比赛均按照最新国际篮球规则执行

(1)比赛办法。双方报名为 5 人，上场队员为 3 人。每队必须有两套深浅不同颜色且号码清晰的比赛服装(深色：蓝、绿、黑，浅色：红、黄、白)。

(2)比赛时间。比赛分 2 节进行，每一节比赛用时 10 min，全场比赛总共 20 min。比赛进行到 8 min 时计时员各宣布一次时间。10 min 内双方都不得暂停(遇有球员受伤，裁判员有权暂停比赛 1 min)。一节结束之后休息3 min再进行下节比赛。

(3)比赛开始，双方以掷硬币的形式选发球权。

(4)比赛开始和投篮命中后，均在发球区(中圈弧线后)掷球入场算做发球。

(5)每次投篮命中后，由对方发球。所有犯规、违例及界外球均在发球区发球，发球队员必须将球传给队友，不能直接投篮或运球，否则处以违例。

(6)防守队员断球或抢到篮板球后，必须迅速将球运(传)出3分线外，方可组织反攻，否则判违例。

(7)24秒违例的规则改为20秒。

(8)双方争球时，争球队员分别站在罚球线上跳球。

(9)比赛中，每个队员允许3次犯规，第4次犯规罚出场。任何队员被判夺权犯规，则取消该队比赛资格。

(10)每个队累计犯规达5次后，该队出现第6次以后的侵人犯规由对方执行两次罚球。前5次犯规中，凡对正在做投篮动作的队员犯规：如投中，记录得分和对方个人及全队犯规次数，不追加罚球，由对方发球；如投篮不中，则判给攻方1次罚球，罚中得1分，并由攻方继续发球，如罚不中，仍由攻方继续发球。

(11)只能在死球的情况下进行替换，被换下场的队员不能重新替换上场(场上队员不足3人时除外)。

(12)比赛中，队长是场上唯一发言人。

(13)比赛时间终了，以得分多者为胜方。如出现平局，初赛及复赛阶段执行一对一的依次罚球，只要出现某队领先1分时即为胜方，比赛结束。如果在决赛阶段，比赛时间终了，双方打成平局，则加赛3 min，发球权仍以掷硬币的形式决定。如果加时赛仍打成平局，则以一对一依次罚球的形式决胜，某队领先1分即为胜方，比赛结束。

五、篮球运动与健身

篮球运动在高校体育中占重要地位，通过篮球运动可以促进大学生身心的全面发展，培养其运动能力和良好的社会适应能力，增进学生的身心健康。

(一)篮球运动对身体健康发展的促进作用

篮球运动持续时间可长可短，但需要参与者快速奔跑、突然与连续起跳、敏捷反应与力量抗衡。经常参加篮球运动，可使身体各部分肌肉坚实、发展匀称、体格健壮。篮球运动可以促进力量、速度、耐力、弹跳、灵敏等运动素质的提高。篮球运动也是一项高强度的对抗性运动。要求机体的代谢能力旺盛，体内能源物质的转换快速。因而能使心脏、血管、呼吸、消化等器官的功能增强，促进机体内各系统的工作能力提高。如果经常参加篮球运动，在篮球运动过程中经常变换技术动作，对提高神经中枢的灵活性、提高神经中枢协调支配各器官的能力，具有很好的作用。

（二）篮球运动对心理健康发展的促进作用

篮球运动不仅是技术与身体的对抗，也是意志与智慧的较量，篮球比赛也是一场心理交锋。运动员的智慧、胆略、意志、活力与创造力，决定着比赛的成败和运动水平。在篮球运动中，通过多种感知觉的参与可以发展学生的运动记忆，经过长期的学习可形成运动技能的动力定型和高度的自动化。这有利于学生在快速、复杂的情况下做出迅速、正确的判断。而且通过篮球比赛，学生的个性、自信心、情绪控制、意志力、进取心、自我束缚能力都会有很好的发展。

（三）篮球运动对社会适应能力的培养作用

篮球运动对培养大学生集体主义精神有积极作用。学生之间团结合作、相互协同、默契配合，一切为集体，一切为大局，才能保证比赛的胜利。学生通过和同伴的相互合作，共同完成篮球的技术、战术学习过程，共同体验胜利的喜悦和失败的痛苦，有助于拉近学生与学生之间的关系，建立良好的群体关系。

思考题

试述篮球比赛的规则。

第二节 排 球

一、排球运动概述

(一)排球运动的起源

排球运动于19世纪末始于美国。1895年，美国马萨诸塞州霍利奥克市基督教男子青年会体育干事威廉·廖根认为当时流行的篮球运动过于激烈，于是创造了一种比较温和的、老少皆宜的室内游戏。1896年，美国普林菲尔德市立学校的艾特·哈尔斯戴特博士把摩根游戏起名为“volleyball”，并沿用至今。排球比赛是两队各6人，每球得分制，25分为一局，正式比赛5局3胜，一般基层比赛为3局2胜制。

(二)中国排球运动的发展

20世纪80年代，中国女排以技术全面、攻守兼备、高快结合、快速多变的战术称雄世界，连续夺得世界杯(1981年、1985年)、世锦赛(1982年、1986年)、奥运会(1984年)冠军，成就世界上第一个“五连冠”，开创了女子排球运动的新纪元。90年代，具有“黑色橡胶人”之称的古巴女排，以得天独厚的体型、超人的弹跳，凶猛的网上攻势，又一次刮起了加勒比海黑旋风。目前世界排球正朝着全面、高度、快速、多变、创新方向发展。

中国女排在经历了80年代的腾飞期之后，又经历了下滑期一中兴期一低谷期一重生期，多次在国际大赛中获得冠军荣耀，是中国三大球项目中唯一夺得过世界冠军的队伍，截至2020年，中国女排共获得了十次世界冠军，成就了“十冠王”的称号。

二、排球基本技术

排球基本技术分为六大项 ：准备姿势和移动、发球、垫球、传球、扣球、拦网。

(一)准备姿势和移动

1. 准备姿势

两脚开立，略比肩宽，脚尖适当内扣，脚后跟抬起，膝关节弯曲，上体前倾，重心在两脚掌之间，两臂自然弯曲置于胸腹之间，两眼注视来球。有稍蹲姿势、半蹲姿势和深蹲姿势三种(见图 7-2-1)。

图 7-2-1

2. 移动

(1)并步和滑步。并步是近球一侧的脚向来球方向跨出一步，另一侧脚迅速有力地蹬地，并迅速并上做好接球的准备姿势；连续的并步为滑步。当来球距离身体一步左右时可采用并步移动。当来球与身体的距离较远，用并步无法接近来球时，可采用滑步(见图 7-2-2)。

图 7-2-2

(2)跨步和跨跳步。跨步动作用于来球较低的情况，向移动方向跨出一大步，深屈膝，上体前倾(见图 7-2-3)。跨步可向前、向侧或向侧前方。跨步过程中有跳跃腾空即为跨跳步。

图 7－2－3

(3)交叉步。向右侧交叉步移动时，上体稍向右转，左脚从右脚前向右交叉迈出一步，然后右脚再向右侧方向跨出一大步，同时重心移至右脚，身体转向来球方向，保持击球前的姿势(见图 7－2－4)。

图 7－2－4

(4)跑步。跑步移动经常与交叉步、跨步等结合起来用。

3. 练习方法

根据手势徒手进行左右滑步移动、前后跨步跳步、远距离的跑步练习。

(二)发球

1. 下手发球

(1)正面下手发球。面对球网站立，左脚在前(以右手发球为例)，两膝稍弯曲，上体前倾，左手持球于腹前下方将球平稳抛起在腹前右侧，离手高度约 30 cm 左右。在抛球同时，右臂由后向前加速挥臂，用全掌或掌根击球的后下方(见图 7－2－5)。

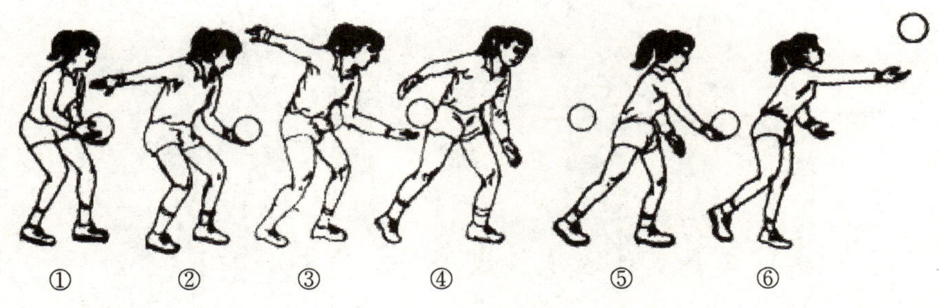

图 7－2－5

(2)侧面下手发球。队员左肩对着球网(以右手击球为例)，两脚左右开立，约与肩同宽，两膝微屈，上体稍前倾，重心落在两脚之间。左手在抛球的同时(30 cm 高左右)，右臂引向侧后方，利用右脚蹬地、转体的力量，带动手臂向前摆动，重心随之移向左腿，在腹前用掌根击球的后下方，击球后随即入场(见图 7－2－6)。

图 7－2－6

2. 正面上手发球

发球时(以右手发球为例)，左手将球抛至右肩前上方，高度适中。在抛球的同时，右臂屈肘抬起并后引，肘关节与肩部齐平，手掌自然张开，呈勺形，上体稍向右侧转动，抬头、挺胸、展腹、身体重心移至左脚。击球时，五指自然分开，利用蹬地、转体、收腹，带动手臂加速挥动，击球点在右肩前上方，以全手掌击球的后中下部。手臂要充分伸直，手掌和手腕要迅速、明显地做推压动作，使球向前呈上旋飞行(见图 7－2－7)。

图 7-2-7

3. 练习方法

(1)抛球练习。体会抛球的位置、高度和引臂的连贯动作。

(2)击固定球和吊球练习。一人双手持球置于腹前或者头上，另一人做挥臂击球练习；将球吊在空中，练习挥臂击球。

(三)垫球

1. 正面垫球

一种是叠指法：两手手指上下重叠，掌根紧靠，合掌互握，两拇指朝前相对平行靠压在上面一手的中指第二指节上。两臂伸直夹紧，注意手掌部分不能相叠；另一种是抱拳法：两手抱拳互握，两拇指平行朝前，两掌根和两前臂外旋紧靠，手腕下压，使前臂形成一个垫击平面(见图 7-2-8)。正面双手垫球的击球点一般应尽量保持在腰腹前的一臂距离，有两小臂腕关节以上 10 cm 左右桡骨内侧平面击球为宜(见图 7-2-9)。

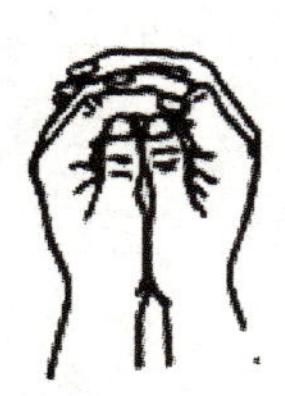

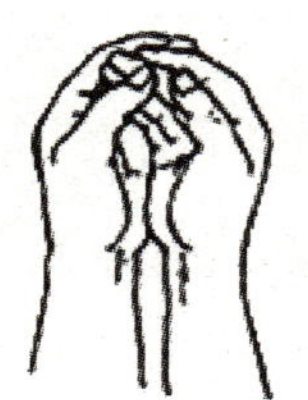

图 7-2-8

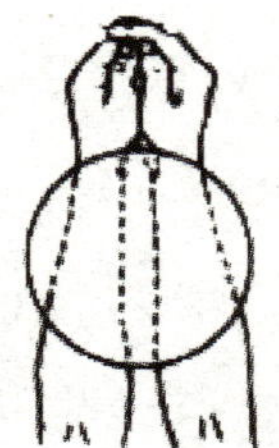

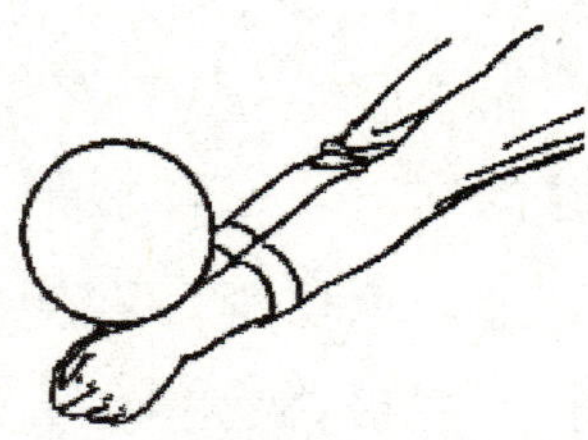

图 7-2-9

正面双手垫球是在准备姿势的基础上，把来球保持在腹部的正前方，两臂插入球下并对准来球，利用蹬腿，腰腹发力和提肩抬臂的协调动作，以两前臂所组成的平面击球的后下方，同时身体重心伴随击球动作前移，将球向前上方垫出(见图 7－2－10)。

图 7－2－10

2. 侧面垫球

在接发球或防守时，身体来不及移动正对来球，则用双手在身体两侧垫击球的技术动作，为体侧垫球(见图 7－2－11)。

图 7－2－11

3. 练习方法

(1)徒手模仿练习、自垫球；对墙进行连续传、垫球。

(2)两人一组，一抛一垫或对垫练习；三人一组，两人抛球，另一人移动垫球练习。

(四)传球

传球是排球运动的基础技术之一，主要用于衔接防守和进攻。传球主要有正面传球、背传球和侧向传球等。

1. 正面上手传球

触球时，两手自然张开成半球形，使手指与球吻合，手腕稍后仰，拇指相对成一字型，击球部位一般在球的后下方(见图 7－2－12)。传球时用拇指内侧、食指全部、中指的二、三指节触球，无名指和小指在球的两侧辅助控制出球方向，两肘适当分开，自然下垂。击球点应保持在额前上方约一球远，充分利用蹬地、伸膝、伸臂，从脸前向前上方主动迎击来球(见图 7－2－13)。

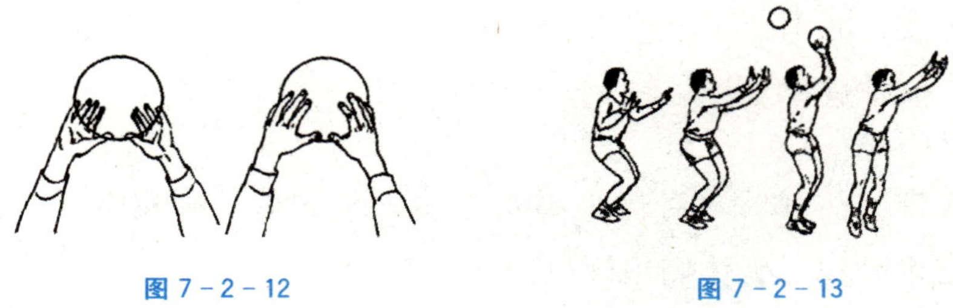

图 7－2－12　　图 7－2－13

2. 练习方法

徒手模仿传球动作，自传练习。两人一组，一抛一传，对传练习。两人一组，移动传球练习。

三、排球基本战术

排球基本战术是指队员在比赛中，根据排球的规则要求和排球运动规律，以及双方当时的情况，合理运用技术，所采用的有意识、有目的、有组织的个人和集体配合行动。排球基本战术包括阵容配备、进攻阵型与进攻战术、拦网战术和接发球战术。

(一)阵容配备

在排球比赛中常用的有“四二”配备和“五一”配备。

1.“四二”配备

“四二”配备即 4 个进攻队员和 2 个二传队员。4 个进攻队员中有 2 个是主攻队员，2 个是副攻队员。他们都站在对角位置上。这种配备方法主要在初学和一般水平的队伍中采用较多(见图 7-2-14)。

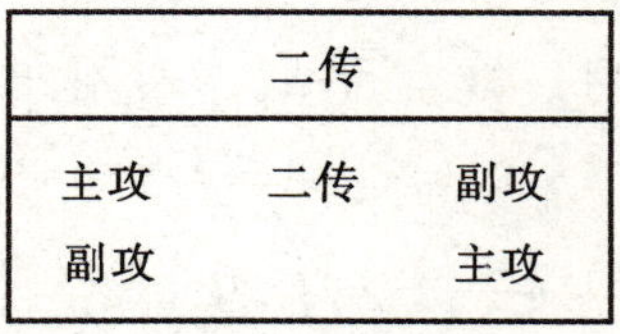

二传
主攻
二传
副攻
副攻
主攻

图 7-2-14 (“四二”配备)

优点：前排每一轮总能保持一名二传和两名攻手，便于组织“中一二”“边一二”进攻，战术配合稳定。

缺点：前排进攻点相对较少，隐蔽性差。

2.“五一”配备

“五一”配备即 5 个进攻队员和 1 个二传队员。其目的是为了加强进攻拦网的力量，为了弥补在主要二传队员来不及传球时所出现的被动局面，可以在二传队员的位置上，配备一名有进攻能力的接应二传队员(见图 7-2-15)。这种配备方法目前在水平较高的队伍中被普遍采用。

攻手
二传
攻手
二传
攻手
攻手

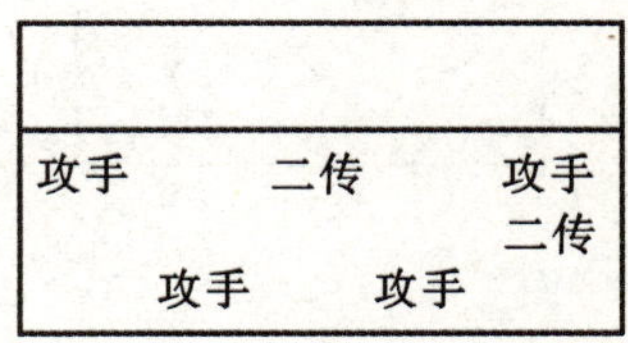

图 7-2-15 (“五一”配备)

优点：加强了拦网和前排的进攻力量，使全队只需要适应一个二传，有利于配合，统一指挥，使战术富于变化。

缺点：当二传轮到前排，有三轮次前排只有两个进攻队员，进攻点过于暴露，影响前排进攻威力。

(二)进攻阵型与进攻战术

1. 进攻阵型

进攻阵型主要有“中一二”“边一二”和后排插上三种形式。

(1)“中一二”进攻战术阵形。3号位队员作二传，将球传给4、2号位队员进攻的组织形式。其优点是一传向网中3号位垫球比较容易，因而有利于组成进攻，适合初学者采用；缺点是战术变化少，对方容易识破进攻意图(见图7－2－16)。

(2)“边一二”进攻战术阵形。2号位队员作二传，将球传给3、4号位队员进攻的组织形式。其优点是右手扣球者在3、4号位扣球比较顺手，战术变化较多。缺点是5号位接一传时，向2号位垫球距离较远；一传垫到4号位时，二传传球较为困难(见图7－2－17)。

(3)“后排插上”进攻战术阵形。由后排队员插到前排2、3号位之间担任二传，将球传给前排3名队员或后排队员进攻的组织形式，有1、5、6号位插上，这是现代排球战术的主要形式，为一般强队所普遍采用(见图7－2－18)。

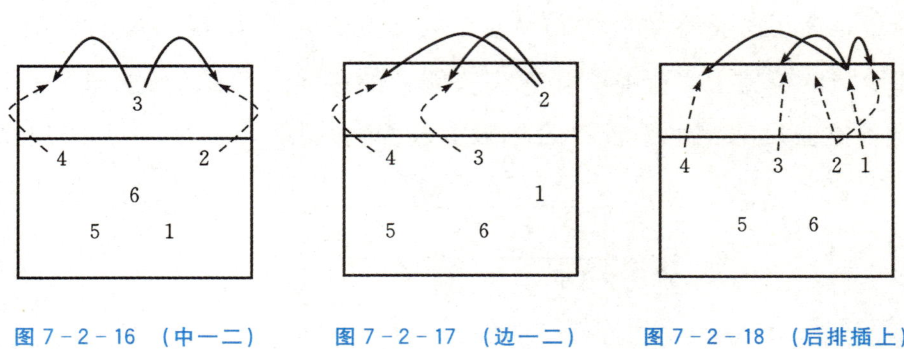

图7－2－16 （中一二） 图7－2－17 （边一二） 图7－2－18 （后排插上）

2. 进攻战术打法

进攻战术打法是指二传队员与扣球队员之间所组织的各种进攻配合，包括强攻、快攻和两次球进攻及其转移三种基本打法。每种打法中又有若干不同战术配合。而所有这些打法又都可以在“中一二”“边一二”和“后排插上”三种进攻战术阵形中具体运用。

四、排球竞赛规则简介

软式排球与室内六人制排球、气排球竞赛规则的异同如下。

(一)比赛用球

软式排球由柔软的橡胶制成，圆周：成人组60～67 cm，青少年组63～65 cm；重量：成人组重量220～240 g，青少年组200～220 g。比赛用球的弹性标准是在2 m高处自由落下反弹高度不低于50 cm；室内排球球用皮制，圆周65～67 cm，重量260～280 g，比赛用球的弹性标准在2 m高处自由落下反弹高度不低于100 cm；气排球由软塑料制成，圆周74～76 cm，比普通排球圆周长15～18 cm，重量约120～140 g，比普通排球轻100～150 g，比赛用球的弹性标准在2 m高处自由落下反弹高度不低于100 cm。

(二)比赛球网

软式排球球网高度为男子2.35 m、女子2.20 m，青少年组球网高度可适当降低；室内排球球网高度为男子2.43 m，女子2.24 m；气排球男子球网高度2.1 m、女子球网高度1.9 m、混合球网2.0 m。

(三)比赛区域(包括比赛场区和无障碍区)

软式排球(A)制比赛场区为长16 m、宽9 m的长方形，其四周至少有3m宽的无障碍区，从地面向上至少7 m高的无障碍空间。(B)制比赛场区为长18 m、宽9 m的长方形，其四周至少有3 m宽的无障碍区，从地面向上至少有7 m高的无障碍空间。室内排球非正式比赛的场地面积与软式排球(B)制一致，国际比赛场地的面积与软式排球(B)制一致，但无障碍区至少宽5 m，端线外至少宽8 m，上空无障碍空间至少高12.5 m，且地面要求较高，室内温度与照明要求较高；气排球比赛场区为长12 m、宽6 m的长方形，其四周至少有2～3 m宽的无障碍区，从地面向上至少有7 m高的无障碍空间。

(四)队的组成和服装号码

软式排球一个队由8名队员组成，A制上场队员4名，B制上场队员6名，可设1名教练员，1名领队，队员上衣号码序号为1～12号；室内排球一个队最多有12名队员组成，1名教练员，1名助理教练员，1名训练员和1名医生，队员上衣号码序号为1～18号；气排球一个队由10人组成，其中有1名领队，1名教练员，8名运动员，领队、教练员可兼运动员，队员服装要统一，上衣前后须有号码，序号为1～10号。

(五)比赛方法

比赛方法都为每球得分制，软式排球和气排球为三局两胜制，室内排球为五局三胜制。软式排球、室内排球都是先得25分同时超过对方2分为胜一局，气排球是先得21分同时超过对方2分为胜一局，决胜局都是先得15分同时超过对方2分的队获胜。

(六)上场阵容与场上位置

软式排球上场阵容A制是场上必须始终保持4名队员进行比赛，B制是场上必须始终保持6名队员进行比赛，场上位置A制是1号位为后排队员，2、3、4号位为前排队员，B制是1、5、6号位为后排队员，2、3、4号位为前排队员，前后排队员位置不能颠倒，同排队员位置不能交叉(发球队员除外)。室内排球与软式排球B制阵容和场上位置相同。气排球四人制比赛队员位置是2号位(右)、3号位(左)为前排队员，1号位(右)、4号位(左)为后排队员。五人制气排球比赛队员位置是2号位(右)、3号位(中)、4号位(左)为前排队员，1号位(右)、5号位(左)为后排队员。

(七)替换

软式排球每一局每队最多可替换4人次，可同时替换一人或多人；室内排球每队每局比赛最多可以请求6人次的换人；气排球每局比赛每队有6人次换人。

五、排球运动与健身

(一)改善生理健康状况

经常参加排球训练，可以提高个人协调、力量、耐力、速度、弹跳、灵敏和柔韧等身体素质和运动能力，改善人体中枢神经系统和内脏器官的机能。排球运动技术动作有发球、垫球、传球、扣球、拦网等，战术机动灵活，姿势变化多端，每个运动员要掌握全面的和多样性的动作技巧，使身体的各部分得到充分的锻炼。特别是手臂、手腕、腰部、腿部的肌肉能得到均匀的发展，力量逐渐增强，身体更加机动灵活。排球运动对神经系统的锻炼作用也很显著，尤其在比赛时，场上情况千变万化，运动员的注意力必须高度集中，以便根据场上的变化采取相应的措施，运动员多次根据对方的情况，从相对安静的较低位置，突然做出剧烈的动作，这不仅锻炼了神经系统的反应能力，同时也加强了心脏、肺脏的生理功能。

（二）促进心理健康

排球运动可以培养运动员机智、果断、沉着、冷静的心理素质，团结战斗的集体主义精神，锻炼胜不骄、败不馁、勇猛顽强、克服困难、坚持到底的良好作风。排球比赛需要队员之间相互理解、相互支持、默契配合、机智灵活和顽强拼搏，能培养人的合作和竞争意识、团结协作的精神。

（三）增强社会适应能力

排球运动是个集体性项目，参加排球运动也是一种人际交往的过程。排球场上的变化可以培养人瞬时的应变能力，技术动作和变化组合能培养创造思维能力。这些都是增强社会适应能力的关键。

思考题

排球传球的练习方法有哪些？

第三节　足　球

一、足球运动概述

足球运动是以脚支配球为主，两个队互相进行攻守对抗的一项体育运动项目，被誉为“世界第一运动”。足球比赛是以脚为主、除手和臂以外的身体其他部位支配球(守门员在本方罚球区内和队员掷界外球时除外)，在长方形的、平坦的、两端各有一个球门的场地上两队相互攻守、激烈对抗，以射门进球多少决定胜负的球类运动项目。足球具有激烈对抗、技术战术复杂和体能消耗大等特点。古代足球起源于中国，虽然起源时间推断不一，但古代足球起源于中国是世界公认的。现代足球运动兴起后，通过英国的海员、士兵、商人、工程师、牧师等传播到欧洲大陆和世界各地。

1900 年的第 2 届奥运会，足球被列为正式比赛项目，但它不允许职业运动员参加。1904 年，英国、法国、荷兰、比利时、西班牙、瑞典和瑞士七个国家的足球协会在法国成立了国际足球联合会。1930 年起，每 4 年举办一次世界足球锦标赛(又称世界杯足球赛)，比赛取消了对职业运动员的限制。

二、足球基本技术

(一)踢球

踢球主要用于传球和射门。

1. 脚内侧踢球

动作方法：踢球时，直线助跑，支撑脚踏在球的侧方 15 cm 左右，膝关节微屈，踢球腿以髋关节为轴屈膝后摆，前摆时膝外展，脚尖微翘，脚掌与地面平行，以脚内侧正对出球方向击球的后中部，击球后，脚随球前摆(见图 7－3－1、图 7－3－2)。

图 7－3－1

图 7－3－2

2. 脚背正面踢球

动作方法：直线助跑，最后一步较大，支撑脚踏在球的侧方约 15 cm，脚尖正对出球方向并微屈膝；踢球脚在支撑脚前跨的同时屈膝后摆，在支撑脚落地的同时，踢球腿以髋关节为轴，大腿带动小腿前摆。当膝关节摆到接近球的正上方时，小腿爆发式前摆，脚跟提起，脚背绷直，脚趾扣紧，以脚背正面击球的后中部，踢球腿随球继续提膝前摆。该脚法主要踢定位球、反弹球、空中球及倒勾球等(见图 7－3－3)。

图 7－3－3

3. 脚背内侧踢球

动作方法：斜线助跑，助跑方向与出球方向一般呈 45°角。支撑脚踏在球的侧后方约 25 cm 处，脚尖指向出球方向，身体稍向支撑脚一侧倾斜。在支撑脚着地同时，踢球腿以髋关节为轴屈膝前摆。当身体转向出球方向、膝关节摆到球的内侧正上方的瞬间，小腿加速前摆，脚尖稍外转，脚面绷直，脚趾扣紧，脚尖斜下指，以脚背内侧踢球的后中部。击球后踢球腿随势前摆(见图 7－3－4)。

图 7-3-4

4. 脚背外侧踢球

动作方法：基本与脚背正面踢球相同。只是触球时，脚尖内斜下指，以脚背外侧踢球的后中部。

5. 练习方法

(1)一人脚底踩球，另一人做原地或上一步的踢球练习。

(2)对网或者足球墙踢球练习；两人相距 6～8 m 传球，方向踢准。

(二)接停球

1. 脚内侧接球

动作要领：接球时支撑脚正对来球，膝微屈；停球腿屈膝外转并前迎，脚尖微翘。当脚与球接触前的瞬间开始做相应的引撤缓冲或推、切压变向动作，将球控制在衔接下一个动作所需要的位置上(见图 7-3-5、图 7-3-6、图 7-3-7)。

图 7-3-5

图 7-3-6

图 7-3-7

2. 脚底停球

动作方法：支撑脚站位于球的侧后方，屈膝，脚尖正对来球；停球脚提起，脚尖勾翘略高于球，脚后跟低于前脚掌，踝关节自然放松，用脚前掌触压球的中上部(见图 7-3-8、图 7-3-9)。

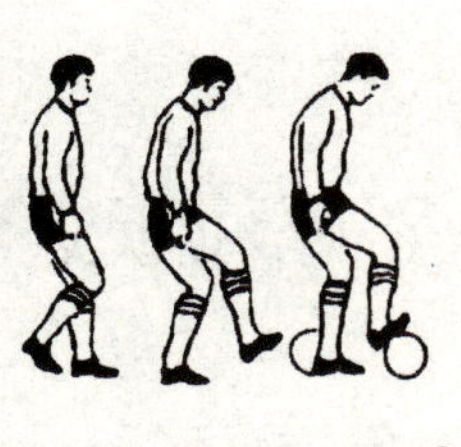
图 7-3-8

图 7-3-9

3. 脚背正面接球

动作方法：接球前判断好球的落点，正对来球，停球脚提起迎球，以脚背正面触球的底部。当脚背触球的瞬间，下撤缓冲，使球落在体前需要的位置上(见图 7-3-10)。

图 7-3-10

4. 胸部停球

动作方法：齐胸的平直球多用于收胸接球，当胸部触球的刹那，迅速收胸收腹缓冲来球力量。高于胸部的弧线来球多用挺胸接法，其准备姿势同收胸法，只是重心稍偏后，上体略有后仰，当胸部触球的瞬间，展腹挺胸、蹬地上挺，使球上弹落在所需要的位置上(见图 7－3－11、图 7－3－12)。

图 7－3－11　　图 7－3－12

5. 练习方法

(1)停地滚球练习。可将人分成两组，面对面或纵队站立，相距 15～20 m。

(2)停反弹球练习。自己向上抛(踢)球、向足球墙上抛或者踢球，然后迎上去停反弹球；两人一组踢有一定弧度的抛物线下落球，另一人迎上停反弹球。

(3)停空中球练习。自抛自停凌空球、两人互抛互停空中球、相互传高球停空中球练习等。

(三)运控球

1. 脚背正面运球

动作方法：跑动自然放松，上体稍前倾，步幅不宜大。运球脚提起时，膝关节弯曲，脚跟提起，脚尖下指，在迈步前伸着地前，用脚背正面推拨球的后中部，推球后自然落步。

2. 脚背外侧运球

动作方法：与脚背正面运球相近，只是运球脚提起时，脚尖稍内转，用脚背外侧推拨球前进(见图 7－3－13)。

图 7－3－13

3. 脚内侧运球

动作方法：运球时，支撑脚踏在球的侧前方，上体稍前倾并向有球一侧转身，运球脚提起脚尖外转，用脚内侧推球前进(见图 7－3－14)。

图 7－3－14

运球和控球时常用的动作有：拨球、拉球、扣球、挑球和捅球等。在熟练掌握运球方法的基础上，配以控球动作便可进行运球过人。

4. 练习方法

(1)单脚内侧外侧拨球练习。用一只脚内外侧连续拨球前进。

(2)脚外侧拨踩停球。先使用一只脚外侧向侧前方拨球，再用拨球脚将球踩住，之后再换另一只脚做相同的动作。

(3)脚外侧拨球绕桩。

(4)正脚背轻推脚底向后拉。双脚正脚背向前连续推三次球之后，在第四次触球时换作脚底踩球向后拉。

(四)头顶球

1. 原地前额正面顶球

动作方法：身体正对来球，两腿前后开立，微屈膝，上体稍后仰，重心落在后脚上，两臂自然张开，收紧下颌，注视来球。当球运行到身体垂直部位前的瞬间，蹬地、前摆上体，收腹、甩头，用前额正面顶球的后中部。顶球后身体应随球前移(见图 7－3－15)。

图 7－3－15

2. 跳起前额正面顶球

动作方法：起跳前判断准来球的落点，用双脚或单脚奋力向上跳起，跳起后身体后仰成背弓形。当球与身体垂直时，迅速收腹折体，前屈甩头，在最高点将球顶出。顶球后应屈膝降重心缓冲落地(见图 7－3－16)。

图 7－3－16

3. 练习方法

(1)单人对墙顶球练习。自己将球向上抛出，掌握好落点，将球顶向墙壁。

(2)双人练习。距离 10 m 一人抛球一人顶球练习，距离稍近互相顶球练习。

(3)助跑起跳顶球练习。一人将球抛向队友，然后迅速向两侧跑动，队友通过助跑将球顶向跑到侧边球员脚下。

(4)顶半高吊球。将球吊起固定在一定高度，先练习顶固定球，等熟练后再练习顶摆动的球。

三、足球基本战术

(一)个人进攻战术

个人进攻战术是局部进攻战术和全队进攻战术的基础。个人进攻战术水平的高低直接影响着局部和全队进攻战术的质量，同时，个人进攻战术必须服从于局部和全队进攻战术。

(二)局部进攻战术

局部进攻战术是指在进攻中两名或几名队员之间的配合行动，其目的是把各种传球、运球和跑动组合在一起，再局部突破对方的防线。局部配合的基本形式有：传切配合、交叉掩护配合、二过一战术配合和三过二战术配合。

(三)整体进攻战术

整体进攻战术是指为完成进攻任务所采用的全局性的进攻配合方法。一次完整的整体进攻由发动(开始)阶段、发展阶段和结束阶段构成。发动阶段(开始阶段)：当一支球队获得控球权即进入了发动阶段。开始进攻的方式有两种，一种是快速攻击，另一种是逐步推进。当获得控球时，对方未能及时进行攻守转换，防守队员未能完全回到防守位置时，应采用快速攻击的进攻配合。在现代足球中，快速攻击的配合是得分的重要手段。当获得控球权时，如果对方退守较快或后防较稳固时，则应采取逐步推进的配合方式，放慢进攻节奏，寻找对方的弱点进行攻击。

(四)整体防守战术

整体防守战术是指全队所采取的防守战术。整体防守战术的方法有区域盯人防守、人盯人防守和混合盯人防守。

1. 区域盯人防守

区域盯人防守是指由攻转守时，根据场上队员位置的分工和职责，每名防守队员负责防守一定的区域，一旦进攻队员进入该区域时，就进行积极的防守，限制对方的进攻活动，当该队员离开时，就不再进行盯防。区域盯人防守较节省体能。但是，进攻队员可以随意交叉换位，容易造成局部地区以多攻少的局面，不利于防守。并且采用这种防守战术时，在不同区域的结合部容易出现盯人混乱，形成漏洞。目前，在比赛中较少采用这种防守战术。

2. 人盯人防守

人盯人防守是指每名防守队员都有明确的防守对象，当由攻转守时，就盯住该队员，无论对手在场上的什么位置，无论对手是否控制球。人盯人防守的优点是分工明确、责任具体、盯防效果较好。其缺点是体能消耗大和防守队形容易被拉乱。一旦对手突破，很难形成有效的保护和补位。因此，目前较少单纯地采用人盯人防守战术。

3. 混合盯人防守

混合盯人防守是区域盯人防守和人盯人防守相结合的防守方法。混合盯人防守是目前足球比赛中最常采用的防守战术。它集中了人盯人防守和区域盯人防守的优点。混合防守是对控球队员及控球队员所在局部区域进行紧逼盯人，而对距球远的其他进攻队员进行区域防守，同时，针对对手的情况，对特别有威胁的进攻队员使用专人进行盯防。

四、足球竞赛规则简介

(一)比赛场地

(1)球场：球场必须是长方形，在长 90～120 m，宽 45～90 m 范围内均可。国际比赛的长度范围为长 100～110 m，宽 64～75 m，基层比赛场地可因地制宜，但边线必须长于球门线。场内各区域尺寸不变。

(2)边线：当球的整体从地面或空中全部越过边线为界外球。比赛中，除裁判员和助理裁判员外，任何人未经允许不得擅自出入此线。

(3)球门线：即俗称的底线，是足球场的较短边。球门线两门柱间的球门线长 7.32 m，从地面到球门横木下沿为 2.44 m。

(4)中线：开球时，双方队员的限制线；队员在本方半场内无越位犯规。

(5)角球弧：踢角球时，球必须放定在角球弧内。

(6)罚球点：罚点球时，球必须放定在该点上并向前踢出。

(7)中点：开球时，球必须放在该点上并向前踢出。

(8)中圈：开球时，守方队员须站在中圈以外的本方半场内。

(9)罚球弧：罚点球时，除主罚队员和守门员外，其他队员应退到此弧以外。

(10)球门：门框直径不超过 12 cm，两立柱内沿相距 7.32 m，横梁下沿垂直地面距离为 2.44 m，立柱与横梁直径应相等。

(二)球

球是指用皮革或其他适当的材料制成，周长在 68～70 cm，比赛开始时不少于 410 g 或多于 450 g，压力在 58.8～107.9 kPa(世界杯一般采用 88.2 kPa)。比赛用球由裁判员审定，正式的比赛应有备用球，目前多采用 10 个备用球。比赛中球发生破裂或损坏，裁判员应停止比赛，更换球后在球所在停止比赛时的地点坠球恢复比赛，如已成死球则发球恢复比赛。

(三)队员人数

(1)每队应为 7～11 人均可，其中一人必须为守门员。

(2)正式比赛提名替补队员为 7 人，但最多可以替换 3 人，位置不限。被换下场的队员不可以在本场比赛中重新上场。

(3)场上队员与守门员互换位置前要通知裁判员，在死球时互换，并且服装颜色必须符合规定，场下替补队员替换时，也应通知裁判员，在死球时从中线处先下后上进行替换。

(4)开赛前被罚令出场的队员可以由替补队员替补，并不算一次换人，但不得再增加替补队员名额。比赛开始后(包括死球或中场休息时)被罚令出场的队员不得被替补。凡被提名的替补队员无论何时被罚令出场，均不得替换。

(5)踢点球决胜负时，守门员受伤可以由合法的替补队员名单中任意一名队员进行替补，除此之外，一律不得替换。

(四)比赛时间

正式的比赛时间为90 min，上、下半场各45 min，除经裁判员同意外中场休息不得超过15 min，如规程规定有加时赛，则再进行30 min的决胜期比赛，每半场15 min，中间立即交换场地不再休息。如果采用“金球制胜”法，则在30 min内，先进球队为胜，比赛立即结束。若决胜期双方仍平局，则以踢点球方式决胜负。

(五)比赛开始和重新开始

(1)通过掷币，猜中队选择场区，另一队开球。

(2)将球放在中点上开球时，当球被踢并向前移动时比赛即为开始。球未向前移动或球动之前队员越过中线或防守队员进入中圈，则重新开球。

(3)开球队员不得连踢。

(4)开球可以直接射入对方球门得分。

(5)比赛中因规则中没有提到的原因而停止比赛后，应用坠球恢复比赛。如果坠球时，遇球未着地前，队员触球、犯规，球破裂、球漏气或着地后未能触及任何人而出界，均应重新坠球。

(六)计胜方法

(1)当球的整体从球门柱间及横木下越过球门线，而此前未违反竞赛规则，即为进球得分。

(2)判断球是否进门应根据球的位置，而不是以守门员接球或队员触球时所站的位置来决定。

(3)如有观众进场，企图阻止球入门，但未触及球而球进门，应算进一球。如触及或妨碍比赛，裁判员应停止比赛，坠球恢复比赛。

(4)罚点球时，在球到球门线前，遇外来因素干扰，应重罚。如已触及守门员、门框弹回场内，又被外来因素触及，则坠球恢复比赛。

(5)其决胜方法和计分方法应在规程中规定。

(七)越位

1. 处于越位位置的条件

(1)该队员在对方半场内。

(2)该队员较球更接近于对方球门线。

(3)在该队员与对方球门线之间，对方队员不足两人。

上述三个条件中，若缺少任何一条，队员均不属于越位位置。

2. 不是越位犯规

处于越位位置的队员，直接接到同队队员的球门球、界外球和角球时，则不是越位犯规。

裁判员如果判罚越位犯规以后，由对方在犯规发生地点踢间接任意球恢复比赛。

(八)犯规与不正当行为

足球比赛对抗性强，又允许身体接触与碰撞，裁判员要准确掌握规则精神，善于识别和区分合理动作与犯规、勇猛顽强与动作粗野、良好风格与不正当行为。坚持严格执法，把判罚重点放在对人不对球、不正当行为及报复行为上。

1. 直接任意球和点球判罚

直接任意球：可以直接射入对方球门得分(直接射入本方球门，不算进球，应由对方踢角球)。裁判员认为，队员违反下列规定中的任何一项，由对方罚直接任意球，防守队员在本方罚球区内违反其中任何一项规定者，应被判罚“点球”。

踢或企图踢对方球员、绊摔或企图绊摔对方球员、跳向对方球员、冲撞对方球员、打或企图打对方球员、推对方球员、抢截球时于触球前触及对方球员、拉扯对方球员、向对方球员吐唾沫、故意手球(不包括守门员在本方罚球区)。

2. 间接任意球的判罚

间接任意球：不能直接射门得分，必须经场上其他队员触及后进入球门内才算进一球(直接射入对方球门，由对方踢球门球)。

(1)如守门员在本方罚球区内违反下列 4 种犯规中的任何一种，都将判给对方踢间接任意球。①守门员用手控制球后，在发出球之前持球超过 6 s；

②在发出球之后未经其他队员触及，再次用手触球；③用手或臂部位触及同队队员故意用脚传给他的球；④用手触及同队队员直接掷入的界外球。

(2)裁判员认为，队员有下列情况任何一种的：①动作具有危险性；②阻挡对方队员；③阻挡对方守门员从其手中发球；④违反规则第十二条以前未提及的任何其他犯规，停止比赛被警告或罚令出场。另外，如果队员在比赛中被判有开球、球门球、角球、界外球、任意球、点球连踢、越位犯规，也将在犯规地点以间接任意球恢复比赛。

踢任意球时应注意在犯规地点罚球、踢球时必须将球放稳、罚任意球时对方球员距球至少 9.15 m。

3. 纪律制裁

裁判员对队员进行纪律制裁的方式包括警告和罚令出场。

(1)可警告的犯规(黄牌)。①犯有非体育道德行为；②以言语或行动表示异议；③持续违反与规则；④延误比赛重新开始；⑤当以角球或任意球重新开始比赛时，不退出规定距离 9.15 m；⑥未得到裁判员许可进入或重新进入比赛场地；⑦未得到裁判员许可故意离开比赛场地。

(2)罚令出场的犯规(红牌)。①严重犯规；②暴力行为；③向对方或其他任何人吐唾沫；④用故意手球破坏对方的进球或明显的进球得分机会；⑤用可判为任意球或点球的犯规破坏对方向本方移动着的明显进球得分机会；⑥使用无礼的、侮辱的或辱骂性语言及行动；⑦在同一场比赛中得到第二次警告。

此外，比赛中如果守门员在本方罚球区内用球掷击或企图掷击对方队员，将被判罚点球。

五、足球运动与健身

(1)磨炼意志、培养竞争意识和团队协作的精神。足球是对抗性很强的集体竞赛项目，在这个既需要激烈竞争，又需要团结协作的环境中，意志品质和竞争意识会得到磨炼，有利于培养学生积极向上、勇于拼搏、不怕困难、吃苦耐劳的精神。

(2)锻炼思维和应变能力。足球比赛中情况瞬息万变，错综复杂，对运动员的思维、观察、判断、反应等能力的要求较高。经过长期的足球训练，思维会更敏捷，判断能力会更准确，视野会更开阔，意志会更顽强。社会环境的适应能力和竞争能力等整体综合素质能得到发展和提高。

(3)强健体魄，增进健康。足球运动是全面锻炼和健全体魄的良好手段，是全民健身活动中一项行之有效的体育运动项目。经常从事足球运动，可以提高人们的力量、速度、灵敏、耐力、柔韧等身体素质，并能使人的高级神经活动得到改善，尤其能增强人体的心血管系统、呼吸系统等内脏器官的功能，从而促进人体的健康。据测定，一名优秀足球运动员的肺活量比正常人要多2000～3500 mL。长期进行足球活动，可以改善中枢神经系统对心血管系统的调节功能，增强迷走神经的紧张性，降低动脉血压。

(4)缓解压力、陶冶情操，使身心获得欢愉。一场足球训练或比赛过后，除了锻炼了身体，大汗淋漓的状态还会让参与者的身心得到放松，积压在身体中的有害能量将随着训练或比赛释放出来，使参与者能够以良好的心态面对接下来的生活及学习。积极的运动会让我们的身体产生一种有益于身心的物质，也就是被称为“快乐激素”的“内啡肽”，通过运动，身体会大量产生这种元素，让你感到轻松愉快。

思考题

足球运动的基本战术有哪些？

第四节　乒乓球

一、乒乓球运动概述

(一)乒乓球起源

乒乓球起源于英国，“乒乓球”一名起源自 1900 年，因其打击时发出“Ping Pong”的声音而得名。1926 年，在德国柏林举行了国际乒乓球邀请赛。后被追认为第一届世界乒乓球锦标赛，同时成立了国际乒乓球联合会。

乒乓球包括进攻、对抗和防守。比赛分团体、单打、双打等数种；2001 年 9 月 1 日前以 21 分为一局，现以 11 分为一局，采用五局三胜(团体)或七局四胜制(单项)。

(二)乒乓球运动在中国的发展历程

1959 年容国团获得世乒赛单打冠军，这是新中国的第一个世界冠军，也在我国掀起了乒乓球热，乒乓球由此开始逐渐确立了国球地位。

1961 年世乒赛在北京举办，中国队取得了好成绩，男团五虎将勇夺男团冠军，团体冠军最能体现一个国家乒乓球实力。1961 年、1963 年、1965 年中国连续三次获得世乒赛团体冠军，并且出现了乒乓球界的传奇人物庄则栋，因为他也连续三次获得世乒赛单打冠军，获得了圣勃莱德杯的复制杯，只有连续三次或者不连续四次获得单打冠军才能获得世乒赛奖杯的复制杯。

中国队至此开始了长盛不衰，中间可能会有几年的低谷但都会很快重登巅峰，相对的低谷就是 1989 年以瓦尔德内尔、佩尔森为代表的瑞典队的崛起，中国队陷入低谷。整个 80 年代末 90 年代初，中国队都在与世界强队竞争，直到 1995 年世乒赛中国队重夺男团冠军，中国队正式走出低谷，中国乒乓球重登巅峰，成为世界绝对强队。

二、乒乓球基本技术

(一)握拍方法

1. 直拍握拍法

拍前以食指第二指节和拇指第一指节扣拍。拇指与食指之间的距离要适中；拍后其他三指自然弯曲，中指第一指节贴于拍的背面(见图 7-4-1)。

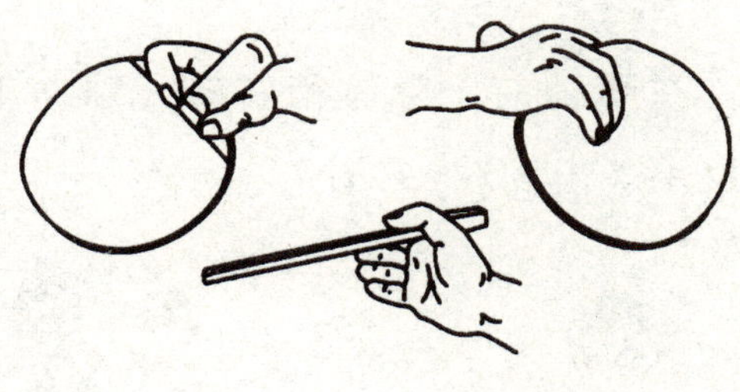

图 7-4-1

2. 横拍握拍法

中指、无名指和小指自然地握住拍柄，拇指在球拍的正面轻贴在中指旁边，食指自然伸直，斜放于球拍的背面。浅握时，虎口轻微贴拍，深握时，虎口紧贴球拍(见图 7-4-2)。

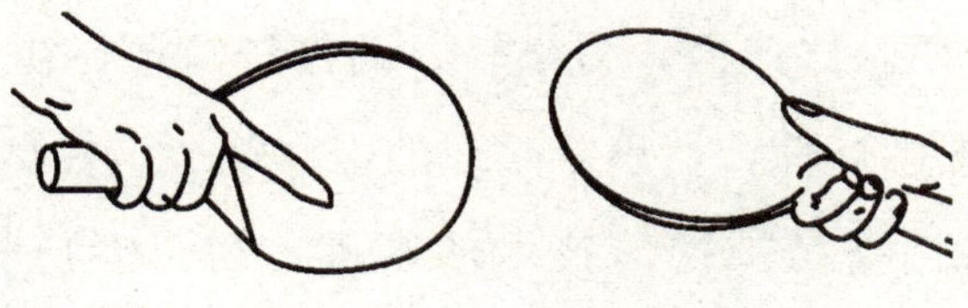

图 7-4-2

(二)发球技术

1. 反手平击发球

站位左半台，离台 30 cm，右脚稍前身体略向左转，左手掌心托球，右手持拍于身体左侧。持球手轻轻向上抛球，同时持拍手向后引拍，上臂自然靠近身体右侧，待球下落低于球网时，持拍手以肘关节发力，由左后向右前挥拍击球中部，拍面稍前倾，第一落点在本台中区(见图 7-4-3)。

图 7－4－3

2. 正手平击发球

站位中近台偏右，左脚稍前，身体稍右转，球向上抛起，持拍手由右后向前挥动。其余同反手平击发球(见图 7－4－4)。

图 7－4－4

(三)推挡球技术

1. 挡球

(1)特点与作用。球速慢，力量轻，动作较简单，初学者容易掌握。它可以帮助初学者熟悉球性，认识乒乓球的击球规律，提高控制球的能力。

(2)要点。①挡球是推挡球技术的基础，初学者应形成正确的动作手法。②引拍时，上臂应靠近身体。③前臂前伸近球，手腕手指调节拍形，食指用力，拇指放松(见图 7－4－5)。

图 7－4－5

2. 快推

(1)特点与作用。快推的特点是站位近，动作小，借力还击，速度快，线路变化多。适用于回击一般的拉球、推挡球和中等力量的攻球；在相持中能发挥回球速度快的优势，推压两大角或袭击对方空挡，为自己的进攻创造条件。它是推挡球最常用的一项技术。

(2)要点。①击球前靠近身体，前臂适当后撤引起。②在前臂向前推送的过程中，完成外旋动作。③转腕动作不宜过大，关键是时机要恰当。

3. 练习方法

对墙推挡球练习；左方直线和左方斜线对推练习；左推右挡练习；推挡变线，结合加力或减力综合练习。

(四)攻球技术

1. 正手快攻

(1)特点与作用。站位近、动作小、出手快，借来球的反弹力还击，与落点变化相结合，可调动对方为扣杀创造条件，是近台快攻打法的一项主要技术。

(2)动作要领。手臂自然弯曲并作内旋使拍面稍前倾，前臂横摆引至身体右侧后方。右脚稍用力蹬地，髋关节略向前转动，腰向左转，上臂带动前臂快速向左前方挥动迎球。当来球跳至上升期(或高点期)，拍面稍前倾击球中上部，触球瞬间前臂迅速收缩，向前打为主、略带摩擦，手腕辅助发力。并可借助手腕调节拍面角度、改变击球部位来变化回球的落点(见图7－4－6)。

直拍正手攻　　横拍正手攻

图7－4－6

2. 正手快点

(1)特点与作用。动作小、出手快、线路活，回球带有突击性。用于进攻台内球，以打破对方的小球控制，在前三板中争取更多的主动。

(2)动作要领。站位靠近球台，右方大角度来球时上右脚，中间或偏左方向来球时上左脚。手臂自然弯曲迎前，前臂伸向台内，根据来球旋转程度手臂相应地作内旋或外旋调整拍面角度。当来球跳至高点期时触球：来球下旋强时，拍面稍后仰，击球中下部，前臂、手腕向前上方发力；来球下旋弱时，拍面垂直，击球中部，前臂、手腕向前为主，适当向上用力；来球上旋时，拍面稍前倾，击球中上部，直接向前用力(见图 7-4-7)。

图 7-4-7

3. 反手快拨

(1)特点与作用。动作小、出手快、线路活，借来球反弹力量还击。具有一定的速度和力量，但突然性和攻击性不足，多为横拍选手用以对付强烈的上旋来球、直拍推挡或反手进攻。

(2)动作要领。两脚平行开立，站位较近。手臂自然弯曲并作外旋使拍面前倾，手腕内收和微屈，将球拍引至腹前偏左的位置。当来球跳至上升期，前臂加速挥动并外旋，手腕迅速前伸和外展，拍面稍前倾击球中上部，借来球反弹力量向右前方拨回来球(见图 7-4-8)。

图 7-4-8

4. 正手扣杀

(1)特点与作用。动作较大、出手较快、力量重、攻击性强，是还击正手位半高球的有效方法，也是得分的重要手段之一。

(2)动作要领。击球前左脚稍前，站位远近根据来球长短而定。肘关节保持120°～130°弯曲，并作内旋使拍面稍前倾，腰、髋向右后方转动，将球拍引至身体右后方，适当加大引拍距离，便于加速和发力。击球时，借腰、髋左转及腿的蹬力，带动手臂向前迎球。当来球跳至高点期，上臂带动前臂同时加速向左前下方发力，拍面前倾击球中上部，撞击为主，略带摩擦(近网球除外)。来球不转或带上旋时，球拍位置应略高于来球。击球后，手臂随势向左前方挥动并迅速还原(见图7－4－9)。

图7－4－9

5. 正手弧圈球

两脚开立，左脚在前，右脚稍后，收腹、含胸、屈膝，身体稍前倾，重心落在两脚之间。腰、髋略向右转动，重心置于右脚掌略靠前外侧，右肩略下沉，左肩自然转向来球方向，右腿屈膝程度加大，腰腹部收住，保持一定的紧张状态。用腰控制上臂，前臂自然下垂，球拍经腹前向右斜后下方移动，通常引至身体右侧腰部下方稍后处，转腰的速度快于拉手(见图7－4－10)。

6. 练习方法

两人一组斜线(对角)对拉练习；两人一组，一削一拉练习。

图 7－4－10

(五)搓球技术

1. 慢搓

(1)特点与作用。动作较大、速度较慢，主动发力回击，因此有利于增强回球的下旋强度，是学习其他搓球技术的基础。

(2)动作要领。①正手慢搓：手臂外旋使拍面后仰，前臂向右后上方引拍，当来球跳至下降前期，前臂带动手腕加速向前下方用力摩擦球，触球中下部。②反手慢搓：与正手相同，但方向相反(见图 7－4－11)。

图 7－4－11

2. 快搓

(1)特点与作用。动作较小、速度较快，且有一定的旋转，与其他搓球技术结合，能主动改变击球节奏，为力争主动创造条件。

(2)动作要领。①正手快搓：肘部自然弯曲，手臂外旋使拍面角度稍后仰，后引动作较小。当来球跳至上升期，利用上臂前送的力量，前臂与手腕配合，借力结合发力，触球中下部并向前下方用力摩擦(见图 7－4－12)。②反手快搓：与正手基本相同，但方向相反(见图 7－4－13)。

图 7－4－12

图 7－4－13

3. 练习方法

摆臂模仿练习；对教学练习板墙自抛自击；接下旋发球。

(六)削球技术

1. 远削

(1)特点与作用。动作较大、球速较慢、弧线长、击球点低，以旋转变化为主，配合落点变化。主要用于在远台回接旋转强烈的弧圈球，是削球运动员最基本的入门技术。

(2)动作要领。①正手远削：两脚分开，右脚稍后，身体略向右转，手臂向右后上方移动，前臂提起，球拍上举。当来球跳至下降后期，随着身体的向左转动，上臂带动前臂同时向左前下方用力，拍面后仰，触球中下部，手腕有摩擦球的动作(见图 7－4－14)。②反手远削：基本同正手削球，但方向相反。反手削球因受身体的限制，引拍动作要有节奏(见图 7－4－15)。

图 7-4-14

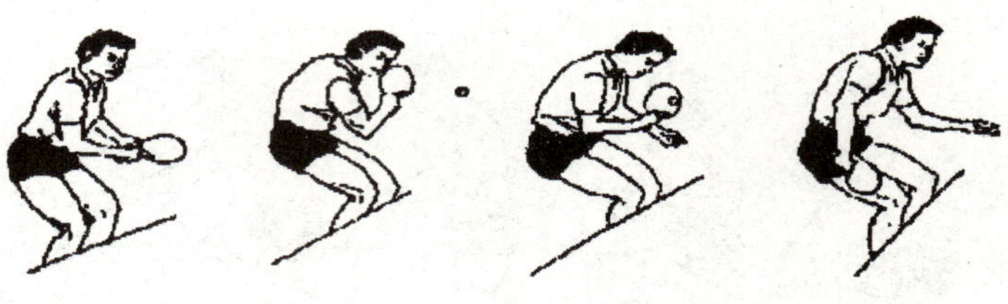

图 7-4-15

2. 近削

(1)特点与作用。站位较近、动作较小、击球点高、回球速度快、配合落点变化可调动对方，伺机反攻或直接得分。主要在对手拉球旋转不强或攻球力量不大时使用。

(2)动作要领。①正手近削：与远削相同处不再复述。与远削动作不同之处有，向上引拍为主，拍形近似垂直或稍稍后仰，整个动作以向下为主，略带向前向左，在来球的上升后期或高点期触球的中下部(比远削偏中部)，动作速度比远削要快(见图 7-4-16)。②反手近削：与正手近削相同，但方向相反，引拍动作应适当加快，否则有来不及的感觉(见图 7-4-17)。

图 7-4-16

图 7-4-17

3. 练习方法

两人一组，攻削、对削练习；两人一组，发(发不同旋转球和不转球)削练习；拉(拉弧圈球)削练习。

三、乒乓球基本战术

(一)发球抢攻战术

发球抢攻是我国直板快攻打法的“杀手锏”，是力争主动、先发制人的主要战术。各种类型打法的运动员都普遍采用发球抢攻来抢占每个回合的上风。发球战术运用的效果主要取决于发球的质量和第三板进攻的能力。常用的发球抢攻战术，主要有以下几种：正手发转与不转、侧身正手(高抛或低抛)发左侧上(下)旋球、反手发右侧上(下)旋球、反手发急球或急下旋球、下蹲式发球。

(二)接发球战术

接发球战术与发球抢攻战术同样重要，在某种意义上讲，接发球水平的高低可以反映运动员的实战能力以及各项基本技术的应用程度。常用的接发球战术有稳健保守法；接发球抢攻；盯住对方的弱点处，寻找突破口；控制接发球的落点；正手侧身接发球。

(三)搓攻战术

搓攻战术是进攻型打法的辅助战术之一，主要利用搓球旋转的变化和落点的变化为抢攻创造机会。这一战术在基层比赛中被普遍采用。搓攻战术也是削球型打法争取主动的主要战术之一。常用的搓球战术有慢搓与快搓结合、转与不转结合、搓球变线、搓球控制落点、搓中突击、搓中变推或抢攻。

(四)对攻战术

对攻战术是进攻型打法在相持阶段常用的一项重要战术。快攻类打法主要依靠反手推挡(或反手攻球)和正手攻球(或正手拉弧圈球)的技术，充分发挥快速多变的特点来调动对方。常用的对攻战术有以下几种：紧逼对方反手，伺机抢攻或侧身抢攻和抢拉；压左突右；调右压左；攻两大角；攻追身球；变化击球节奏，加力推和减力挡结合；发力攻、拉与轻打轻拉结合，也可造成对手的被动局面；改变球的旋转性质，如加力推后，推下旋；正手攻球后，退至中远台削，一般对方往往来不及反应，可直接得分或创造机会球。

(五)拉攻战术

拉攻战术是以攻为主的选手对付削球的主要战术。为了发挥拉攻的战术效果，首先要具备连续拉的能力，并有线路、落点、旋转、轻重等变化，其次要有拉中突击和连续扣杀的能力。常用的拉攻战术主要有拉反手后，侧身突击斜线或中路追身球；拉中路杀两角或拉两角杀中路；拉一角或杀另一角；拉吊结合，伺机突击；拉搓结合；稳拉为主，伺机突击。

(六)削中反攻战术

削中反攻战术主要靠稳健的削球，限制对方的进攻能力，为自己的反攻创造有利条件。常用的削中反攻战术主要有削转与不转球，伺机反攻；削长短球，伺机反攻；逼两大角，伺机反攻；交叉削两大角，突击对方弱点；削、挡、攻结合，伺机强攻。

(七)弧圈球战术

由于弧圈球战术把速度和旋转有效地结合起来，稳健性好，适应性强，许多著名选手已用它去替代攻球或扣杀，常用的战术如下：发球抢攻；接发球果断上手；相持中的战术运用。

四、乒乓球竞赛规则简介

(一)乒乓球发球

(1)选择发球、接发球和场地的权力应通过选择硬币的正反面来决定。选对者可以选择先发球或先接发球，或选择先在某一方。

(2)当一方运动员选择了先发球或先接发球或选择了场地后，另一方运动员应有另一个选择的权力。在每获得 2 分之后接发球方即成为发球方，依此类推，直到该局比赛结束，或者直至双方比分都达到 10 分实行轮换发球法，这时发球和接发球次序仍然不变，而且每人只轮发一分球。

(3)一局中在某一方位比赛的一方，在该场的下一局应换到另一方位。单打决胜局中当有一方满 5 分时应交换方位。

(二)发球、接发球次序和方位的错误处理

(1)裁判员一旦发现发球、接发球次序错误应立即暂停比赛，并按该场比赛开始时确立的次序，根据场上的比分由应该发球或接发球的运动员发球或接发球；在双打中，则按发现错误时那一局中首先有发球权的一方所确立的次序继续进行比赛。

(2)裁判员一旦发现运动员应交换方位而未交换时，应立即暂停比赛，并按该场比赛开始时确立的次序，根据场上比分纠正运动员所站的方位后再继续比赛。在任何情况下，发现错误之前的所有得分均有效。

(3)当发球者发出的球触碰到网，叫“擦网”，裁判应令发球者重新发球，若连续擦网两次则是犯规，计分者给予扣分。

(三)合法还击

对方发球或还击后，本方运动员必须击球，使球直接越过或绕过球网装置。或触及球网装置后，再触及对方台区。凡属上述情况，均为合法还击。

(四)重发球

不予判分的回合出现下列情况，应判重发球。

(1)如果发球员发出的球，在越过或绕过球网装置时触及球网装置，此

后要么成为合法发球，要么被接发球员或其同伴阻挡。

(2)如果发球员或同伴未准备好时球已发出，且接发球员或其同伴均没有企图击球。

(3)由于发生了运动员无法控制的干扰，如灯光熄灭等原因，而使运动员未能合法发球、合法还击或未能遵守规则。(运动员与同伴相撞或者被挡板绊倒而未能合法回击，则不能判重发球)。

(4)裁判员或副裁判员宣布的暂停比赛。例如：①由于要纠正发球、接发球次序或方位错误；②由于要实行轮换发球法；③由于警告或处罚运动员；④由于比赛环境受到干扰以致该回合结果有可能受到影响(如外界球进入赛场或者是足以使运动员大吃一惊的突然喧闹)。

(五)判一分

回合中出现重发球以外的下列情况，应判失一分。

未能合法发球；未能合法还击、阻挡；连续两次击球(如执拍手的拇指和球拍连续击球)；除发球外，球触及本方台区后再次触及本方比赛台面；用不符合规定的拍面击球；双打中，除发球或接发球外运动员未能按正确的次序击球；裁判员判罚分和其他已列举的违例现象。

(六)一局比赛

在一局比赛中，先得 11 分的一方为胜方；比分出现 10 平后，先多得 2 分的一方为胜方。

(七)一场比赛

(1)一场比赛应采用三局两胜制或五局三胜制。

(2)一场比赛应连续进行，但在局与局之间，任何一名运动员都有权要求不超过两分钟的休息时间。

五、乒乓球运动与健身

乒乓球球小速度快，变化多，趣味性强，设备简单，不受年龄、性别和身体条件的限制，比较容易开展和普及，集健身、竞技、娱乐于一体，深受众人的喜爱，其健身价值如下。

(一)可以有效地提高人的身体素质

长期参加乒乓球运动，随着水平的不断提高，活动范围的加大，运动量的加大，不仅相应地提高了速度素质、力量素质和身体的灵活性、协调性，而且使肌肉发达、结实、健壮，关节更加灵活稳固。

(二)可以调节改善神经系统灵活性

打乒乓球时，球在空中飞行的速度是很快的，正手攻球只需 0.15 s 就可到达对方台面。在这样短暂的时间内，要求运动员对高速运动的来球方向、旋转、力量、落点等进行全面观察，迅速判断，并及时采取对策，快速移动步法，调整击球的位置与拍面角度，进行合理的还击，而这一切活动都是在大脑指挥下进行的。因此，经常从事乒乓球练习，可大大提高神经系统的反应速度。

(三)可以改善心血管和呼吸系统的功能

经常参加乒乓球运动，能使心血管系统的结构和机能得到改善，心肌变得发达有力，心容量加大，脉搏输出量增多。一般健康成年男子安静时心率在 65～75 次/min，成年女子为 75～85 次/min；而受过乒乓球训练的运动员，安静时，男子心率为 55～65 次/min，女子为 70 次/min 左右。心搏徐缓、血压降低。

(四)可以提高心理素质

乒乓球是竞技运动，由于激烈的竞争，成功和失败的条件经常转换，参赛者情绪状态也非常复杂，参赛者经受这些变幻莫测、胜负难料的激烈竞争的锻炼，体验了种种情绪。同时，在比赛中要对对方战术意图进行揣摩，把握自己的战术应用，因此使练习者的心理素质也得到了很好的锻炼。

(五)可以促进交流，增加友谊

通过参加乒乓球运动，可以相互交流经验，切磋球技，达到相互学习，共同提高、建立良好的人际关系的目的。

(六)可以使人心情舒畅，精神愉快

乒乓球运动是一种高尚的文化娱乐活动，能使人们在精神上得到一种

乐趣和享受，具有锻炼身体、磨炼意志、调节心情之作用，是一个减压的好途径。不管学习还是工作，每天都或多或少有点压抑，打球能使大脑的兴奋与抑制过程合理交替，避免神经系统过度紧张。

（七）预防治疗近视和颈腰椎疾病

打乒乓球时眼球不停地转动，眼部肌肉得到了锻炼，眼神经机能提高，因而能使眼睛疲劳消除或减轻，起到预防治疗近视的作用；打球时手臂要不断挥拍，腰部转动配合，颈肩和腰椎得到了锻炼，从而起到了预防和治疗颈肩腰椎的作用。

（八）可健脑益智

乒乓球的球体小，速度快，攻防转换迅速，技术打法丰富多样，既要考虑技术的发挥，又要考虑战术的运用。乒乓球运动中要求大脑快速紧张地思考，这样可以促进大脑的血液循环，供给大脑充分的能量，具有很好的健脑功能。

（九）可提高协调性

乒乓球运动既要有一定的爆发力，又要有动作的高度精确，要做到眼到、手到和步伐到，提高了身体的协调和平衡能力。

总之，乒乓球运动简单、方便、有趣，综合锻炼效果好，还可应对现代文明病症的侵扰，对肢体、心肺、反应、灵敏、协调及大脑起到很好的锻炼作用。

思考题

乒乓球运动的基本战术有哪些？

第五节 羽毛球

一、羽毛球运动概述

羽毛球是世界上最流行的运动之一。它能够吸引各个年龄和各种技术层次的男女，在室内或室外都可以进行，既可以当作娱乐也可以进行比赛。羽毛球不能弹起，在不落地的情况下才能玩，因此比赛节奏快，需要快速的反应和一定程度的体能。羽毛球运动的参与者还需要了解和重视它在社交、娱乐与心理三个方面的好处。

现代羽毛球运动起源于英国。1873 年，在英国格拉斯哥郡的伯明顿镇有一位叫鲍弗特的公爵，在他的领地开游园会时，有几个从印度回来的退役军官就向大家介绍了一种隔网用拍子来回击打毽球的游戏，人们对此产生了浓厚的兴趣。因这项活动极富趣味性，很快就在上层社会社交场上风行开来。"伯明顿"(Badminton)即成为英文羽毛球的名字。1893 年，英国 14 个羽毛球俱乐部组成羽毛球协会，即全英公开赛的前身。自 1992 年起，羽毛球成为奥运会的正式比赛项目。

男子羽毛球团体赛汤姆斯杯和女子羽毛球团体赛尤伯杯是全世界最著名的羽毛球团体赛事。这两项赛事同期同地举办，每两年举办一次，且均在偶数年举办。球员们在奇数年争夺世界锦标赛冠军，而在偶数年争夺汤姆斯杯与尤伯杯。世界混合团体锦标赛(又称苏迪曼杯)，1989 年在印度尼西亚首都雅加达开始举办，其地位与世界个人锦标赛相当。世界超级系列赛包含了全球主要的巡回赛事。球员参加每项巡回赛可赢得积分并进行累计，年底积分最多的球员可受邀参加超级系列赛总决赛。

二、羽毛球基本技术

羽毛球运动的基本技术分为两大类：一是基本手法，二是基本步法。基本手法又分为握拍、发球、接发球和击球四个部分。

(一)基本手法

1. 握拍技术

羽毛球的握拍技术分为正手握拍和反手握拍，但握拍方法不是一成不变的，可视具体情况而调整握拍。

(1)正手握拍法。虎口对着拍柄窄面的小棱边，拇指和食指贴在拍柄的两个宽面上，食指和中指稍分开，中指、无名指和小指并拢握住拍柄，掌心不要紧贴，拍面基本与地面垂直(见图 7－5－1)。正手发球、右场区各种击球及左场区头顶击球等，一般都采用这种握法(以右手握拍者为例)。

图 7－5－1

(2)反手握拍法。在正手握拍的基础上，拇指和食指将拍柄稍向外转，拇指顶点在拍柄内侧的宽面上或内侧棱上，中指、无名指和小指并拢握住拍柄，柄端靠近小指根部，使掌心留有空隙。球拍斜侧向身体左侧，拍面稍后仰(见图 7－5－2)。

图 7－5－2

2. 发球技术

发球时，必须在腰部以下触球，而且拍杆的指向必须朝下，否则视为发球违例。击球前，整个拍头必须清楚地位于持拍手的任意部位下方。每个回合开始时都要使用低手发球将球发出，因此可以说这是一种最重要的击球。发球大致可分为正手部分和反手部分。一般来说，发高远球、发平球、发网前球的技术，均可以用正手发球和反手发球的技术来进行，而发高远球，则普遍采用正手发球法。基本的发球技术有发高远球、发平球和发网前球。

(1)发高远球：发高远球，即把球发得又高又远、发到对方后场的发球。球飞行至弧线的最高点时，垂直下落到对方的端线附近。高远球的距离远，弧度大，使对方的回球很难带有威胁性，可为己方创造有利条件。

正手发高远球步骤如下(见图 7－5－3)。

图 7－5－3

①于中场侧身站立，两脚自然分开，与肩同宽；左脚在前，与中线平行，右脚在后，脚尖向右，重心在右脚上。

②左手持球，抬至胸前，右手握拍，自然后举于身体右后侧，双眼注视前方。

③左手自然将球松开，使球垂直下落，右手从后方自下而上画半弧，引拍，同时转体，重心跟随前移。

④击球时击球点在身体右前下方，上臂带动前臂内旋，展腕、屈指发力，用正拍面将球击出。

(2)发平高球时，动作过程大致与发高远球相同，只是在击球的一刹那，前臂加速带动手腕向前上方挥动，拍面要向前上方倾斜，以向前用力为主。注意发出球的弧线以对方伸拍击不着球的高度为宜，并应落到对方场区底线(见图 7－5－4)。

图 7－5－4

(3)正手发平高球：姿势、动作和发正手高远球一样，只是发力方向和击球点不同，高平球时球运行的抛物线不大能使球迅速地越过对方场区空中而落到底线附近(见图 7－5－5)。

图 7－5－5

(4)正手发网前球：发网前球就是把球发到对方发球区内的前发球线附近，球拍触球时，拍面从右向左斜切击球，使球刚好越网而过，落在对方前发球线附近(见图 7－5－6)。

图 7－5－6

(5)反手发网前球：反手发网前球就是运用反手发球技术把球发至对方发球区内前发球线附近，击球时球拍由后向前推送击球，使球运行的弧线最高点略高于网顶，球拍触球时，拍面呈切削式击球，使球落到对方场区的前发球线附近。

反手发网前球步骤见图 7－5－7。

图 7－5－7

①两脚可前后开立，也可左右开立，与肩同宽。前后开立时，可左脚在前，也可右脚在前，重心在前脚上。

②反手握拍，前臂抬起，拍子呈倾斜状。

③左手食指、拇指、中指轻捏羽毛球的羽毛边缘，将球置于球拍前面，手臂准备向前推拍。注意此时球的高度不要超过腰部的高度。

④左手放球，同时右手向后短暂引拍，然后向前推拍，手指、手腕用力，球拍呈横向切削式将球击出。

(6)反手发平球：反手发平球与发正手球的球路、角度、落点一样。发球时，球拍的挥动方向也与反手发网前球一样，只是在击球的一刹那，手腕有弹性的击球，将球击到双打后发球线以内的区域。

3. 接发球技术

接发球站位有单打站位和双打站位两种：单打站位一般是在离发球线 1.5 m 处。站在右发球区靠近中线的位置；在左发球区则站在中间的位置。一般双脚前后站立，收腹含胸，身体重心放在前脚上，后脚脚跟稍抬起。身体半侧向球网，球拍举在身前，双眼注视对方(见图 7－5－8)。

图 7-5-8

双打站位由于双打发球区比单打发球区短 0.76 m，接发球时要站在靠近前发球线的地方。双打接发球准备姿势和单打姿势基本相同。只是身体前倾较大，身体重心可前可后，球拍举得高些，在球飞行到网上最高点时击球，争取主动。

4. 击球技术

羽毛球击球技术方法，包括前场击球技术、中场击球技术和后场击球技术，每一种技术又可分为正手或反手击球法。依据战术球路的需要，又可击出直线和斜线球来。

(1)前场击球技术主要包含放网前球、扑球、搓球、勾球、挑球。前场球的飞行距离短，落地快。打出好的前场球，可以使对手猝不及防，从而直接得分，或者为己方的下一步行动创造更好的机会。因此，练就好的前场技术十分重要。

(2)中场击球技术主要包含挡直线网前球、挡斜线网前球、抽球。中场击球技术，主要用于接对方的杀球，基本技术有挡网前球、抽球等。学习接杀球时，速度要快，手腕要灵活。

(3)后场击球技术主要包含高远球、吊球、劈吊、杀球。后场击球技术在羽毛球技术中是非常重要的一部分，它关乎羽毛球比赛的结果。因此，后场击球技术需要学习者重点把握。

(二)步法

羽毛球步法是一项很重要的基本技术，它和手法相辅相成，取长补短，不可分割。没有正确的步法，必然会影响各种击球技术的完成。而在比赛中如没有快速、准确的到位步法，手法就会失去其尖锐性与威胁性，所以学习和掌握熟练的、快速而准确的步法是打好羽毛球、提高运动水平的重要环节。

1. 基本步法

根据场上移动的方向和场区的位置，通常将羽毛球步法划分为上网步法、后场步法和中场步法。根据动作的结构，羽毛球步法在实践中由以下一些基本步法组成：跨步、垫步、蹬步、并步、交叉步。

(1)跨步：指向击球点迈出较大步幅的移动方法。通常在上网步法的最后一步时使用。

(2)垫步：在移动到最后一步，与击球点尚有较短的一段距离时，用另一脚再加一小步的移动方法。这一种步法比较轻捷、灵巧，不但能使移动的步数比较经济，而且还能保持移动中身体重心的稳定，有利于协助击球动作的完成。

(3)蹬步：以一脚为轴，另一脚作向后或向前蹬转步。

(4)并步：离击球点方向远侧的一个脚，向前一个脚垫一小步，同时前脚在其尚未落地时，又马上向前跨出的一种移动方法。这种步法较多地运用在上网、接杀球和正手后退突击扣杀时。

(5)交叉步：侧对击球点方向，两脚采用前、后交叉的移动方法。这种步法的步幅较大，移动中身体重心比较稳定。

2. 上网步法

配合前场击球使用的步法。上网步法整体上要注意以下三点：①向前的冲力不要太大，否则身体会失去平衡；②到达击球位置时，前脚脚尖应朝着边线方向，这有利于借冲力向前滑步；③击球后迅速退回中心起始位置，可采用跨步、垫步、交叉步等。

(1)正手蹬跨步上网法。

一般在来球距离较近时使用。使用一步，也就是蹬跨步上网。

①两脚开立准备。屈膝下蹲，将重心放低，右手正手握拍举起。

②判断来球后，双脚前脚掌触地启动，左脚蹬地。

③右脚借力向右前方迈出一大步，左脚稍稍跟进，脚尖拖地，以缓冲身体向右前方的冲力。

(2)正手交叉步上网法。

①两脚开立准备。屈膝下蹲，将重心放低，右手正手握拍举起。

②双脚迅速蹬地发力，左脚向身体右前方来球方向迈出一步。

③右脚再向来球方向跨出一大步，脚掌外展，脚跟着地，稳住重心。

三、羽毛球基本战术

羽毛球战术是指运动员在比赛中为表现出高超的竞技水平和战胜对手，而采取的计谋和行动。在羽毛球比赛中，双方都想要控制对手，力争主动。以己之长，克彼之短，抑彼之长，避己之短，控制与反控制的竞争是十分激烈的。能够根据不同对手的特点，采取相应变化的技术手段战而胜之，这便是战术的意义。

(一)单打战术

1. 右发球区发底线球

接发球员在右发球区接发球时，一般位于中线附近，发球员此时可以发后场球，球飞行时间长，自己有充分的时间调整状态，准备下一次击球。

2. 左发球区发底线球

接发球员在左发球区接发球时，一般位于中线和边线的中间，发球员此时可以向对方后场发球，左右可靠近中线或边线，目的也是为自己获取时间，准备下一次击球。

3. 杀边线

将击球的重点放在杀边线上，左边边线和右边边线轮换，让对方不断地向左、向右低重心接球，耗费对方体力。

4. 拉斜线

将球分别击到对方的右后场(右前场)和左前场(左后场)，而且最好是场地的边角，来回重复，使对方呈斜线来回跑动接球，耗费体力，进而导致对方回球质量差，陷入被动局面，为己方进攻创造机会。

5. 发球强攻

主要针对防守技术差或后场进攻能力较强的对手。发平快球，结合网前球，或发网前球，结合平快球，限制对方进攻，迫使对方打出高球，己方可趁机找出对方的空当，进行杀球或吊球，给自己创造制胜机会。

（二）双打战术

双打从发球开始就形成短兵相接的局面。由于进攻和防守都加强了，这就更加要求运动员技术全面，能攻善守，反应灵敏。特别是对发球、接发球、平抽、挡、封网、扑、连续扣杀、接杀挑高球及防守反击等诸多技术，要求更高。两名队员配合默契，相互信任，打法上攻守衔接及站位轮转协调一致，是打好双打的关键。

1. 攻人战术

攻人战术是双打中常用的一种战术，是以人为攻击目标。对付两名技术水平高低不一的对手时，一般都采用这种战术。用几种攻势于对方一名队员，常能起到“集中优势兵力打歼灭战”的作用。如另一队员过来协助时，又会暴露出空挡，可在其仓促接应、立足不稳时偷袭他。

2. 攻中路战术

攻中路战术是把球打在防守方两人的中间。这种战术可以造成守方两人抢接一球或同时让球，彼此难于协调；限制对手在接杀球时挑大角度高球调动攻方；有利于攻方的封网，由于打对方中路，对方回球的角度也小，网前队员封网的难度就小了。

3. 攻直线战术

攻直线战术即杀球路线和落点均为直线，没有固定的目标和对象，只依靠杀球的力量和落点来取得得分效果。当对方的来球靠边线时，攻球的落点在边线上；当对方的来球在中间区时，就朝中路进攻。这个战术在使用上较易记住和贯彻。

四、羽毛球竞赛规则简介

（一）羽毛球场地标准尺寸（见图 7－5－9）

（1）羽毛球场地应是一个长方形，用宽 40 mm 的线画出。

（2）场地线的颜色最好是白色、黄色或其他容易辨别的颜色。

（3）所有的线都是它所界定区域的组成部分。

（4）从球场地面起，网柱高 1.55 m。

（5）网柱必须稳固地同地面垂直，并使球网保持紧拉状态。

（6）网柱应放置在双打的边线上。

（7）羽毛球球网应由深色优质的细绳编织成，网孔为均匀分布的方形，边长 15～20 mm。

（8）羽毛球球网上下宽 760 mm。

（9）绳索或钢丝须有足够的长度和强度，能牢固地拉紧并与网柱顶部取平。

（10）场地中央网高 1.524 m，双打边线处网高 1.55 m。

（11）球网的两端必须与网柱系紧，它们之间不应有空隙。

（12）长 13.40 m，双打宽 6.10 m，单打宽 5.18 m。

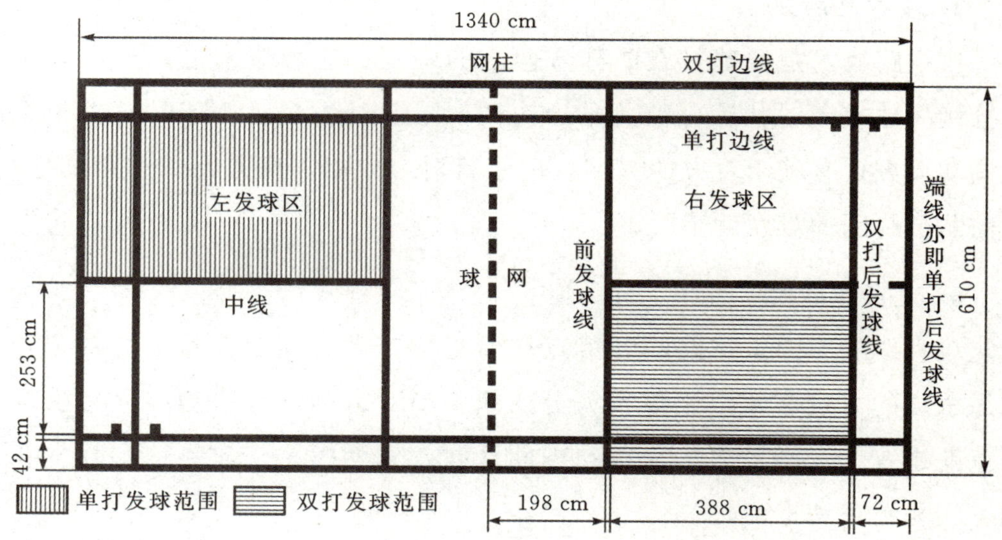

图 7－5－9

(二)羽毛球比赛规则定义

(1)运动员：参加羽毛球比赛的人。

(2)一场比赛：双方各一名或两名运动员是决定胜负的最基本的单位。

(3)单打：双方各一名运动员进行的一场比赛。

(4)双打：双方各两名运动员进行的一场比赛。

(5)发球方：有发球权的一方。

(6)接发球方：发球的对方。

(三)羽毛球比赛规则计分

(1)21 分制，3 局 2 胜。

(2)每球得分制。

(3)每回合中，取胜的一方加 1 分。

(4)当双方均为 20 分时，领先对方 2 分的一方赢得该局比赛。

(5)当双方均为 29 分时，先取得 30 分的一方赢得该局比赛。

(6)一局比赛的获胜方在下一局率先发球。

(四)赛间休息与换边规则

(1)在一局比赛中，当领先的一方达到 11 分时，双方有 60 秒休息时间。

(2)在两局比赛间，双方有 2 分钟的休息时间。

(3)在决胜局中，当领先的一方达到 11 分时，双方交换场地。

(五)羽毛球比赛规则单打

(1)发球员的分数为 0 或双数时，双方运动员均应在各自的右发球区发球或接发球。

(2)发球员的分数为单数时，双方运动员均应在各自的左发球区发球或接发球。

(3)如“再赛”，发球员应以该局双方总得分数来确定站位。若总分为单数，双方运动员均应在各自的左发球区发球或接发球；若总分为双数，双方运动员均应在各自的右发球区发球或接发球。

(4)球发出后，双方运动员击球就不再受发球区的限制，运动员的站位也可以在自己这方场区的界内或界外。

(六)羽毛球比赛规则双打

(1)一局比赛开始，应从右发球区开始发球。

(2)只有接发球员才能接发球；如果他的同伴接球或被球触及，发球方得一分。

①在发球方得分为0或双数时，应该由发球方站在右侧的运动员发球，接发球方站在右侧的运动员接发球；发球方得分为单数时，则应站在左发球区的运动员发球或接发球。

②每局开始首先接发球的运动员，在该局本方得分为0或双数时，都必须在右发球区接发球或发球；得分为单数时，则应在左发球区接发球或发球。

③发球方的非发球运动员和接发球方的非接发球运动员站在另一发球区内。

(3)任何一局的接发球方得一分时，接着由接发球方运动员之一发球，如此交换发球权。注意，交换发球权时双方4位运动员都不需要变换站位。

(4)运动员不得有发球错误和接发球的错误，或在同一局比赛中有两次发球。

(5)一局胜方的任一运动员可在下一局先发球，负方中任一运动员可先接发球。

(6)球发出后，双方运动员击球就不再受发球区的限制，运动员的站位也可以在自己这方场区的界内或界外。

(七)合法发球

(1)一旦发球员和接发球员做好准备，任何一方都不得延误发球。发球时发球员球拍的拍头做完后摆，任何迟滞都是延误发球。

(2)发球员和接发球员，应站在斜对角的发球区内，脚不得触及发球区和接发球区的界线。

(3)从发球开始至发球结束前，发球员和接发球员的两脚，都必须有一部分与场地的地面接触，不得移动。

(4)发球员的球拍，应首先击中球托。

(5)发球员的球拍击中球的瞬间，整个球应低于发球员的腰部。

(6)发球员的球拍击中球的瞬间，球拍杆应指向下方。

(7)发球开始后，发球员必须连续向前挥拍，直至将球发出。

(8)发出的球向上飞行过网，如果未被拦截，球应落在规定的接发球区内(即落在线上或界内)。

(9)发球员发球时，应击中球。

(八)违例

1. 发球违例

(1)未将球发在相应的区域内。

(2)球挂在网上或停在网顶。

(3)球过网后挂在网上。

(4)双打时，接发球员的同伴接到球或被球触及。

2. 比赛进行中违例

(1)球落在场地界线外。

(2)球从网孔或网下穿过。

(3)球未从网上方越过。

(4)球触及天花板或四周墙壁。

(5)球触及运动员的身体或衣服。

(6)球触及场地外其他物体或人。

(7)球被击时停滞在球拍上，紧接着被拖带抛出。

(8)球在一个回合中被同一方队员多次击中。

(9)运动员的球拍、身体或衣服，触及球网或球网的支撑物。

(10)过网击球(击球时，球拍与球的最初接触点在击球者网这一方，而后球拍随球过网的情况除外)。

思考题

羽毛球项目的大型赛事有哪些？

第八章

操舞类运动

操舞结合的健身操具有有氧性、全面性、平衡性、艺术性等特质。有效的体育课教学要求要重视组织教学的流畅性，就需要采用“辅导—传授”教学策略，以确保学生参与有氧运动的时间，从而实现“健康第一”的课程目标。

第一节　第九套广播体操

一、第九套广播体操基本动作

预备节：原地踏步(8 拍×2)。第一节：伸展运动(8 拍×4)。第二节：扩胸运动(8 拍×4)。第三节：踢腿运动(8 拍×4)。第四节：体侧运动(8 拍×4)。第五节：体转运动(8 拍×4)。第六节：全身运动(8 拍×4)。第七节：跳跃运动(8 拍×4)。第八节：整理运动(8 拍×2)。深呼吸(8 拍×1)。

二、第九套广播体操全套动作

(一)预备节　原地踏步(2×8)

预备姿势，两脚立正，手臂垂直于体侧，抬头挺胸，眼看前方。

口令至原地踏步时，半握拳。

第一拍，左脚向下踏步，右脚抬起，膝盖向前，脚尖离地 10～15 cm，同时，左臂前摆至身体中线，右臂后摆，第二拍与第一拍动作相同，方向相反(见图 8－1－1)。

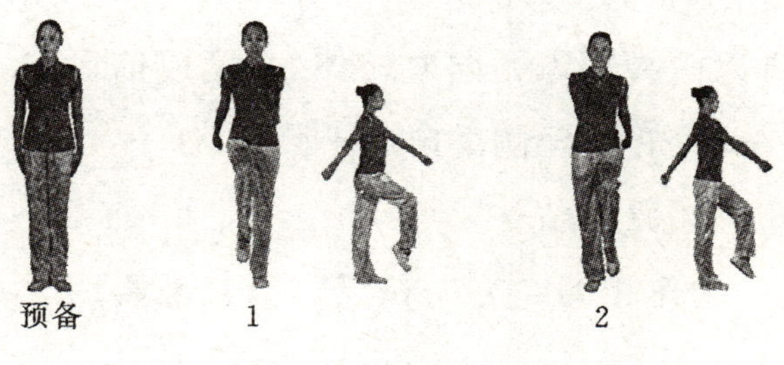

图 8－1－1

(二)第一节　伸展运动 (4×8)

第一拍，左脚向侧一步，与肩同宽，同时两臂侧平举，掌心向下，头向左转 90 度。

第二拍，右脚并于左脚，两腿微屈成半蹲，同时含胸，两臂屈肘竖于胸前，两手握拳，拳心相对，低头45度。

第三拍，两腿伸直，同时两臂侧上举，拳心相对，抬头45度。

第四拍，两臂经体侧(掌心向下)向下还原成站立姿势。

5～8同1～4，动作相同，方向相反(出右脚，头向右转)。第二至第四个八拍动作同第一个八拍(见图8-1-2)。

图8-1-2

作用：加入头部的左右转，对长期伏案工作学习的锻炼者有较好的缓解作用，可以有效地改善头部血液循环、减轻颈椎疾病的症状。

(三)第二节　扩胸运动(4×8)

第一拍，左脚向前一步成前弓步，同时两手握拳，两臂经前举至侧举向后扩胸一次，拳眼向上。

第二拍，两脚以前脚掌为轴向右转体90度成分腿直立，同时两臂经交叉前举(左臂在上，拳心向下)屈臂向后扩胸一次。

第三拍，两脚以前脚掌为轴向左转体90度成前弓步，同时两臂经交叉前举(左臂在上，拳眼向上)至侧举向后扩胸一次。

第四拍，收左脚还原成站立姿势。

5～8同1～4，动作相同，方向相反。第二至第四个八拍同第一个八拍(见图8-1-3)。

作用：双臂向后扩胸，做挺胸动作，锻炼背部肌肉，加强背部的力量。

图 8-1-3

(四)第三节　踢腿运动(4×8)

第一拍，左腿侧踢 45 度，同时两臂侧平举，掌心向下。

第二拍，左腿并于右腿，屈膝半蹲，同时两臂至体侧，掌心向内。

第三拍，左腿向后踢，脚尖离地 10～20 cm，同时两臂经前摆至侧平举，掌心相对，抬头 45 度。

第四拍，两臂经前至体侧，还原成站立姿势。

5～8 同 1～4，动作相同，方向相反。第二至第四个八拍同第一个八拍(见图 8-1-4)。

图 8-1-4

作用：采用了侧踢和后踢，利于腰部、臀部及腿后部肌群的锻炼，预防臀部下垂。

(五)第四节 体侧运动(4×8)

第一拍，左脚向侧一步，比肩稍宽，同时左臂侧平举，右臂胸前平屈，掌心向下。

第二拍，上体向左侧屈 45 度，同时左手叉腰，右臂由下经侧摆至上举，掌心向内。

第三拍，左脚并于右脚，屈膝半蹲，同时左臂伸直经侧摆至上举，掌心向内，右臂经侧还原至体侧。

第四拍，两腿伸直，同时左臂经侧向下还原至站立姿势。

5～8同1～4，动作相同，方向相反。第二至四个八拍同第一个八拍(见图8-1-5)。

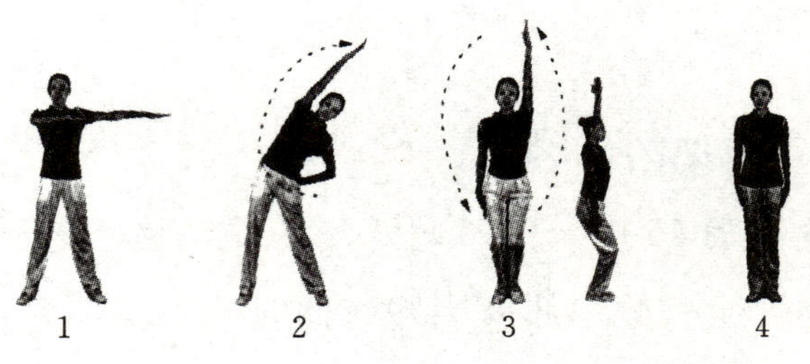

图8-1-5

作用：看上去较难，做起来比较简单。锻炼身体两侧不常用到的腰肌。

(六)第五节　体转运动(4×8)

第一拍，左脚向侧一步，比肩稍宽，同时两臂侧平举，掌心向下。

第二拍，下体保持第一拍姿势，上体向左转45度，同时两手胸前击掌两次。

第三拍，上体向右转180度，同时两臂伸至侧上举，掌心向内。

第四拍，上体向左转90度，左脚还原成立正姿势，同时，两臂经侧还原至体侧。

5～8同1～4，动作相同，方向相反。第二至第四个八拍同第一个八拍(见图8-1-6)。

图8-1-6

作用：增加了一个击掌动作，增强了广播体操的活力，激发了锻炼者的兴趣。

(七)第六节　全身运动(4×8)

第一拍，左脚向侧一步，比肩稍宽，同时两臂经侧摆至上举交叉，掌心向前，抬头，眼看手。

第二拍，上体前屈，同时两臂经侧摆至体前交叉，掌心向内，眼看手。

第三拍，左脚并于右脚成全蹲，同时两手扶膝(两肘向外，虎口向内，手指相对)，低头45度。

第四拍，还原成站立姿势。

5～8同1～4，动作相同，方向相反(出右脚做)。第二至第四个八拍同第一个八拍(见图8-1-7)。

图8-1-7

作用：全身各关节参与，幅度最大，体现出动作的动与静、高与低的结合，使全身得到了充分、全面的锻炼。

(八)第七节　跳跃运动(4×8)

第一拍，跳成左脚成前弓步(前腿全脚着地、后腿前脚掌着地)，同时两手叉腰，虎口向上。

第二拍，跳成并腿站立(稍屈膝)。

第三拍，跳成右脚在前的前弓步。

第四拍，跳成并腿站立(稍屈膝)。

第五拍，跳成分腿站立(稍屈膝)，脚尖微微向外，膝盖向脚尖方向缓冲，同时两臂侧平举，掌心向下。

第六拍，跳成并腿站立(稍屈膝)，同时两臂至体侧。

7～8 同 5～6，动作方向相同。第二至第四个八拍同第一个八拍(见图 8－1－8)。

图 8－1－8

作用：两次弓步跳、两次开合跳，强度增加，增强心肺功能。

(九)第八节　整理运动(4×8)

第一至第四拍，左脚开始做原地踏步，两臂前后摆动，第四拍成站立姿势。

第五、第六拍，左脚向侧一步，与肩同宽，同时两臂经侧至侧平举，掌心相对，抬头 45 度。

第八拍，收左脚，同时手臂经体侧还原成站立姿势。

第二至第四个八拍同第一个八拍，但方向相反(换右脚开始做)(见图 8－1－9)。

图 8－1－9

三、广播体操与健身

广播体操是采用徒手的形式进行的身体活动，不受场地器材的影响，其动作可以刚劲有力，也可以柔和优美，适用多种人群练习的体育健身项目。从第九套广播体操练习部位看，延续了以往广播体操全面锻炼身体原则，预备节、伸展运动、扩胸运动、踢腿运动、体侧运动、体转运动、腹背运动、跳跃运动、整理运动分别从远端到近端，从头颈、上肢、躯干、下肢以及全身运动。动作方向有左、右、前、后。动作参有力量、速度、柔韧、协调、灵活等变化因素，经常坚持广播体操练习，可使头颈、躯干和四肢灵活，动作变得有力、协调，练就良好身体姿态，对增强神经系统，促进血液循环，加速新陈代谢，消除工作疲劳，振奋精神等有积极的作用。

尽管广播体操不能与专项运动相比，但其参与运动的部位全面，健身的安全性和广泛的群众性，是其他专项运动不能相提并论的。

第二节 健美操

一、健美操概述

(一)健美操概念

健美操是在音乐伴奏下，以身体练习为基本手段、以有氧运动为基础，以健、力、美为特征，融体操、音乐、舞蹈为一体，达到增进健康、塑造形体和娱乐目的的一项体育运动。

健美操起源于传统的有氧健身运动，是有氧运动的一种，它通常采用徒手或轻器械进行练习，是在有氧供应充足的情况下，以人体有氧系统提供能量的一种运动形式，其运动特征是持续一定时间的、中低强度的全身性运动，主要锻炼练习者的心肺功能，是有氧耐力素质的基础。

健美操的特征是音乐伴奏、有氧运动、操化动作和节奏鲜明。

(二)健美操分类

1. 健身性健美操

健身性健美操按练习形式可分为徒手健美操、器械健美操和特殊场地健美操三大类。

健身性健美操练习的主要目的是锻炼身体、增强体质、保持健康。具体是可以提高心肺功能，改善身体有氧代谢能力，塑造美好身材，培养良好气质形象，保持肌肉外形，防止肌肉退化等功能。

2. 竞技性健美操

竞技性健美操是在健身性健美操的基础上发展起来的，其主要目的是“竞技比赛”，属于高水平竞技范畴，竞技性健美操以成套动作作为形式，在成套动作中必须展示连续的动作组合、柔韧性、力量与七种基本步伐的综合使用并结合难度动作的完美完成。动作设计上严格避免重复动作和对称性动作。

3. 表演性健美操

表演性健美操的主要练习目的是“表演”，是事先编排好的、专为表演而设计的成套健美操，时间一般为2～5分钟。表演性健美操的动作较健身性健美操动作复杂，音乐速度可快可慢，动作较少重复，也不一定是对称性的，参与人数不限，并可在成套中加入队形变化和集体配合的动作。表演者可以利用轻器械，还可以采用一些风格化的舞蹈动作，以达到烘托气氛、感染观众、增加表演效果的目的。

(三)健美操运动的功能

1. 对内脏器官的功能

长期坚持健美操运动，可以使心肌增厚，心脏容量增大，血管弹性增强，进而提高心脏的功能，使心搏有力，心脏排血量增加，改善自身循环，从而提高全身供氧能力。

经常从事健美操锻炼，能使人呼吸强壮有力，吸气时胸廓充分扩展，使更多的肺泡张开而吸入更多氧气；呼气时胸廓尽量压缩，排出更多的二氧化碳。

经常从事健美操锻炼，还可提高人体消化系统的机能，还能改善肾脏的血液供应，提高肾脏排除代谢废物的能力，从而提高人体对疾病的防御能力及抵抗能力。

2. 对肌肉、骨骼系统的功能

经常从事健美操锻炼，还可提高关节灵活性，增强肌肉和结缔组织的弹性。经常进行健美操锻炼，会改善骨骼的血液循环及代谢，使骨外层的密质增厚，骨质更加坚固，从而提高了抗折断、弯曲、压拉、扭转的能力。经常从事健美操锻炼，还可加强关节的韧性，提高关节的弹性和灵活性。

3. 对塑形健美的功能

健美操的独到之处，是它可以对身体比例的均衡产生积极的影响，特别是能增加胸背肌肉的体积，消除腰腹部沉积的多余脂肪，使体态变得丰满、线条优美、秀丽动人。此外，通过经常性正确的形体训练，能矫正不正确的身体姿势，培养正确端庄的体态，使锻炼者的形体和举止风度都会发生良好的变化。

4. 对心理状态的调节功能

健美操作为一项体育运动，其动作优美、协调，能全面锻炼身体，同时又有节奏强烈的音乐伴奏，是缓解精神压力的一剂良药。在轻松优美的健美操锻炼中，练习者的注意力从烦恼的事情上转移开，忘掉失意与压抑，尽情享受健美操运动带来的欢乐，获得愉快的心情。

5. 对神经系统的功能

健美操是在中枢神经系统的支配调节下进行的，反过来，通过健美操锻炼也能提高中枢神经系统的机能水平。它能够提高神经过程的强度，集中能力、均衡能力，使人的视野开阔，感觉敏锐，分析综合能力增强，生命力旺盛。

二、健美操基本动作

(一)基本手型

健美操基本手型是从芭蕾舞、现代舞、爵士舞中吸收和发展而来的，常用的手型有并掌、开掌、立掌、花掌、拳和指。

(二)基本步法

基本步法是健美操动作中最小的单元，是健美操练习的一个重要部分，通过基本步法的练习，能培养练习者的协调性、韵律感。

健美操基本步法根据人体运动时对地面的冲击力大小分为低冲击力步法、高冲击力步法和无冲击力步法三大类。

1. 低冲击力步法

第一类：踏步类。

动作描述：此类动作两脚依次抬起，在下落时膝、踝关节有弹性地缓冲。

动作变化：踏步(march)、走步(walk)、一字步(easy walk)、V 字步

(v－step)、曼波步(mambo)。

第二类：点地类。

动作描述：此类动作两腿有弹性地伸屈，点地时，主力腿稍屈，另一腿伸直(脚尖或脚跟点地)。

动作变化：脚尖前点地、脚尖后点地、脚尖侧点地、脚跟前点地。

第三类：迈步类。

动作描述：此类动作是一脚先迈出一步，同时移动身体重心，另一脚点地、并步或抬起的动作。

动作变化：并步、迈步点地、迈步屈腿、迈步吸腿、侧交叉步、迈步弹踢。

第四类：单脚抬起类。

动作描述：此类动作支撑腿有控制地稍屈膝弹动，另一腿以各种形式抬起，同时收腹、立腰。

动作变化：吸腿、踢腿、弹踢、后屈腿。

2. 高冲击力步法

第一类：迈步跳起类。

动作描述：此类动作是指一脚迈出，重心移动，跳起，单脚或双脚落地。

动作变化：并步跳、迈步吸腿跳、迈步后屈腿跳。

第二类：双脚起跳类。

动作描述：此类动作是指双脚起跳、双脚落地的动作。

动作变化：并腿纵跳、分腿半蹲跳、开合跳、并腿滑雪跳、弓步跳。

第三类：单腿起跳类。

动作描述：此类动作是指先抬起一腿、另一腿跳起的动作。

动作变化：吸腿跳、后屈腿跳、弹踢腿跳、摆腿跳。

第四类：后踢腿跑类。

动作描述：此类动作是指两腿依次蹬地离开地面，轻快跑跳。

动作变化：后踢腿跑、侧并小跳(小马跳)。

3. 无冲击力步法

动作描述：此类动作是指两腿始终接触地面的动作。

动作变化：弹动、半蹲、弓步、提踵。

(三)手臂动作

健美操手臂动作是由举、屈伸、摆、绕、绕环等动作组成的，正确、规范的手臂姿势对整个身体姿态的完善及动作的艺术风格起着重要的作用。健美操手臂动作主要包括：前举、前上举、前下举、侧举、侧上举、侧下举、上举、下举、后下举、胸前屈、胸前平屈、肩上屈、肩下屈、头后屈、单臂绕和双臂绕。

三、健美操套路练习

健美操套路练习，目前在高校教学中通常采用的是《健美操大众锻炼标准》，具体包括：成人一级动作、二级动作、三级动作、四级动作、五级动作和六级动作等。级别越大，动作难度越大、音乐节奏相对也越快。在教学中，要根据学生的身体素质以及健美操基础水平来选择。通常情况下，无基础学生，学习成人一级、二级动作。对于提高班学生，以成人三级动作教学为主。

四、健美操与健身

(一)姿态练习

所谓姿态，是指一个人在静止或活动过程中所表现的身体姿态，突出反映了一个人的气质和风度。基本姿态训练有以下内容。

1. 站立姿态训练

站立姿势是健美操最简单也是最基本的动作姿态，它是所有专项动作的基础。健美操站立姿态的要求：躯干挺拔、抬头挺胸、沉肩、控制躯干的稳定性、臀部内收上提、下肢并拢且肌肉收紧，表现出气宇轩昂、富有朝气的良好气质和形态。

颈部练习。颈部自然挺直，下颌微收，眼睛平视前方，头部保持正直。

肩部练习。将两肩垂直向上耸起，直到两肩有酸痛感后再把两肩用力下垂，反复练习。

臀部练习。两脚并拢站立，躯干保持直立。脚掌用力下压，臀部和大腿肌肉用力收紧，并略微向上提髋。

腹部练习。在收紧臀部的同时，使腹部尽量用力向内收紧，并用力向上提气，促使身体向上挺拔，坚持片刻，然后放松。

背靠墙站立练习。两脚并拢，同时头、肩胛骨和臀部贴紧墙壁，足跟离墙 3 厘米左右。注意用胸式呼吸，在提气中做此动作。做此练习时，双腿夹紧，收腹挺胸，立腰立背，紧臀，肩胛骨下旋，同时双肩下沉，下颌略回收，头向上顶，背部呈一平面。

2. 上肢姿态训练

手臂的表现力通过手臂的线条、力度的变化以及由静到动的节奏形式体现。在训练中应强调上肢动作力度、幅度和控制能力，让运动员体会正确的上臂肌肉感觉、动作发力方法和发力顺序。

手臂基本位置包括前、后、上、下侧等。

两臂前举练习。两臂由下举向前绕至前举，两臂间距与肩同宽，五指并拢或分开，掌心相对或向上、向下、握拳等。

两臂上举练习。两臂经前绕至上举，双臂间距与肩同宽。

两臂侧举练习。两臂经侧绕至侧举，与地面平行，掌心向上或向下。

两臂后举练习。两臂经前向后绕至后下举，手臂尽量向后，臂距与肩同宽。

两臂前下举练习。两臂经前绕至与前举夹角为 45°的位置。

两臂胸前平屈练习。两臂屈肘至胸前，大小臂都与地面平行，前臂平行于额状轴，且距胸 10 cm 左右。

(二)动作力度练习

动作力度是运动员在完成动作的过程中，肌肉快速用力以及动作变化的速度和动作熟练程度的外在表现，它是运动员长期从事健美操运动而形成的一种特殊的专门化的运动知觉。力度感是保证运动技术质量的关键内容之一。健美操要求动作刚劲有力，积极快速，力度感强。无论上肢、下肢动作，都要求有明显的“制动”表现，以充分表现动作力度。

运动员需要通过反复多次且有效的练习和亲身体验，尽可能早地把注意力集中在运动感觉，而不是视觉、听觉上，这样才能建立起准确的力度感。具体的训练方法有以下几种。

语言刺激法：在做动作的过程中，教师通过“用力”“控制”“制动”等语言的强化给练习者以刺激，使神经系统和肌肉运动系统协调一致。

对抗练习法：一人练习，另一位练习者使其两臂受阻或动作减慢，使练习者感受肌肉对抗的感觉。

负重练习法：练习者持适宜重量的哑铃在规定的时间内完成一定次数的屈、伸、举、绕环等动作，并依次类推到其他动作中，进而提高肌肉运动感觉。

(三)拉伸练习

拉伸运动分为主动拉伸和被动拉伸。主动拉伸就是指主要依靠收缩肌肉的力量，而不是其他外力使动作保持在某一个特定的位置上，好处是可以增加动作的柔韧性和收缩肌肉的力量。被动拉伸就是指利用自身的体重或者是器械使肢体保持一定的伸展位置。例如，将腿举起，然后在手的帮助下保持一定的姿势，或者是放在台阶上保持一定的姿势。被动性拉伸是一种缓慢的、放松性的拉伸，是一种在运动结束后的放松。

(四)基本动作练习方法

基本动作是由基本步法和上肢动作两部分组成的，其中基本步法是组成动作中最小的单位，在不熟悉脚步动作时，双手叉腰，先练习脚下步法，熟练之后，再练习组合动作，配合简单的手臂动作和音乐节奏，用于日常的锻炼身体需要。

第三节 健身操舞

一、健身操舞概述

根据查阅的资料，健身操舞一词主要来源于健身操和舞蹈的结合，起初以广场舞的形式展示，广场舞由于步伐简单易学，节奏明快，同时对场地设施的依赖性也不高，深受群众喜欢。而后，人们发现，可以加入艺术性强的元素，形成了现在所谓的健身操舞，“操和舞不一样，操一定是操化动作多，横平竖直，它有它的轨迹。舞更多具备舞蹈功能，艺术性更强，展示艺术表现力。舞更加优美，更加丰富”。由健身操和舞蹈的结合，便形成了健身操舞，健身操舞老少皆宜，对参与者技能要求相对于其他运动项目而言比较低，开展活动时对器材、场地的要求也很低。健身操舞简单易学，又能满足老百姓的健身要求。健身操舞的特征：健身性、表演性，简单易学，容易普及，适合全民健身需要等。从分类上，根据我国健身操舞比赛设项来看，可以分为徒手广场健身操、徒手广场健身舞、轻器械广场健身操和轻器械广场健身舞。从比赛角度来看，有规定动作和自选动作可以选择。截至 2017 年，我国共举行六届全国性全民健身操舞大赛。

二、健身操舞基本动作

(一)手位动作(见图 8－3－1)

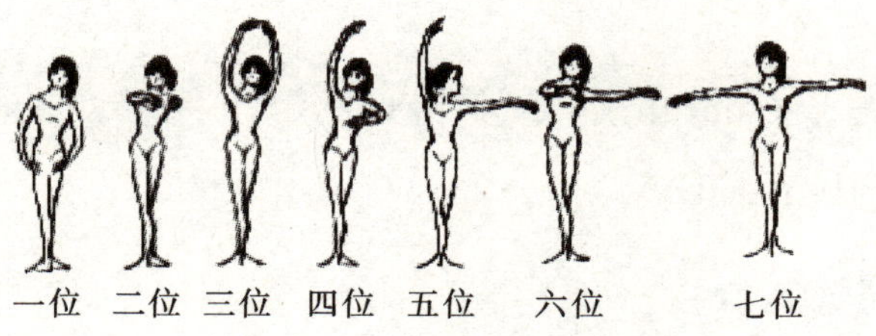

图 8－3－1

(二)脚位动作(见图 8-3-2)

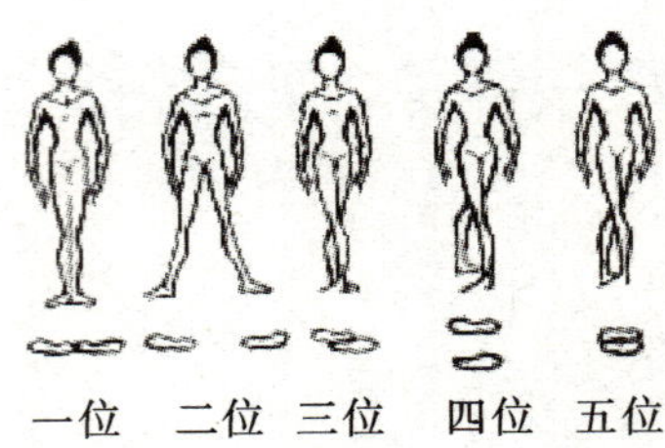

图 8-3-2

(三)基本步法

1. 柔软步

动作要领：由绷脚伸出，前脚掌落地并迅速过渡到全脚掌，同时身体重心及时移至前脚(重心在前)，两臂自然摆动。要求：自然连贯。

2. 足尖步

动作要领：基本上同柔软步，但是要求尽量立踵，步幅较小，身体重心要平稳。易犯错误：重心起伏大，耸肩。

3. 弹簧步

动作要领：基本上同柔软步，但是要求落地的同时膝盖有弹性地弯曲，身体重心有节奏地像波浪起伏。要求：从脚尖过渡到全脚掌，步幅较小，身体重心平稳。易犯错误：弹性不足，动作僵硬。

4. 踏步类(同健美操)

动作描述：此类动作两脚依次抬起，在下落时膝、踝关节有弹性地缓冲。

动作变化：踏步(march)、走步(walk)、一字步(easy walk)、V 字步(v-step)、曼波步(mambo)。

5. 点地类(同健美操)

动作描述：此类动作两腿有弹性地伸屈，点地时，主力腿稍屈，另一腿伸直(脚尖或脚跟点地)。

动作变化：脚尖前点地、脚尖后点地、脚尖侧点地、脚跟前点地。

6. 迈步类(同健美操)

动作描述：此类动作是一脚先迈出一步，同时移动身体重心，另一脚点地、并步或抬起的动作。

动作变化：并步、迈步点地、迈步屈腿、迈步吸腿、侧交叉步、迈步弹踢。

7. 单脚抬起类(同健美操)

动作描述：此类动作支撑腿有控制地稍屈膝弹动，另一腿以各种形式抬起，同时收腹、立腰。

动作变化：吸腿、踢腿、弹踢、后屈腿。

三、健身操舞套路练习

(一)健身操舞《小苹果》的套路练习

第一组动作

第一个8拍：1～3拍，顶右胯并脚点地，同时甩手腕(见图8－3－3)；4拍双脚并拢，双手击掌；5～8拍同1～4拍，方向相反(见图8－3－4)。

第二个8拍：同第一个8拍。

图8－3－3

图8－3－4

第二组动作

第一个8拍：1～4拍，脚下从右脚点地开始，内点一次，外点一次，内外内分腿，手臂动作，左手臂由左向内、向上、向外做弧形旋转两次(见图 8－3－5)，第 4 拍手臂放下；5～8 拍，换左脚点地开始，手臂换右手向内、向外画弧形线路旋转两次，第 8 拍手臂放下(见图 8－3－6)。

图 8－3－5　　图 8－3－6

第二个 8 拍：1 拍跺右脚，2 拍跺左脚，3 拍跺右脚，4 拍跺左脚，手臂握拳随拍做下砸动作，右一次，左一次，再右一次，再左一次(见图 8－3－7)。

5～8 拍，双腿分开、双膝弹动，双手握拳、拳眼朝上，手臂侧平打开，做抖动肩膀动作(见图 8－3－8)。

图 8－3－7　　图 8－3－8

第三组动作

第一个 8 拍：1～4 拍，原地踏步，从右脚开始，手臂随身体自然摆动；5～6 拍，脚下还是做踏步动作，5 拍时右手臂向右侧平举，掌心朝下，左手臂自然下垂(见图 8－3－9)；6 拍左手臂向左侧平举，掌心朝下，右手臂自然下垂(见图 8－3－10)；7 拍，双脚并拢下蹲，双手握拳、拳心相对，拳眼向内，屈臂，低头含胸；8 拍双脚跳起，双手手臂向上冲拳(见图 8－3－11)。

图 8－3－9　图 8－3－10　图 8－3－11

第二个、第三个、第四个 8 拍同第一个 8 拍。

第四组动作由两部分组成

第一部分：四个 8 拍，动作如下。

第一个 8 拍：1～4 拍，单并步，右脚开始，1 拍右手前平举，掌心朝上，左手臂自然下垂(见图 8－3－12)，2 拍两手臂自然下垂；3 拍左手臂前平举，掌心朝上，右手臂自然下垂；4 拍两手臂自然下垂。

5～6 拍双腿分开弹动，手臂握拳胸前环绕(见图 8－3－13)；7～8 拍，手臂做抖动肩膀动作，两手臂向两侧方向打开，掌心朝下(见图 8－3－14)。

第二个 8 拍：1～2 拍，左腿点地做弹动，右手臂握拳做屈臂抖动(见图 8－3－15)，3～4 拍换左腿，动作一样(见图 8－3－16)；5～8 拍同 1～4 拍。

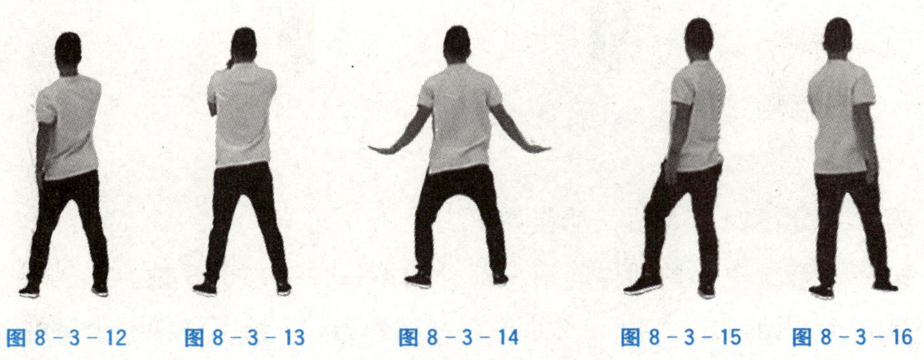

图 8－3－12　图 8－3－13　图 8－3－14　图 8－3－15　图 8－3－16

第三个8拍：1～4拍，双并步，右脚开始，1拍手臂握拳上举曲臂，两个拳心相对，右转90度(图8－3－17)，同样动作，左转90度，3～4拍手臂动作同1～2拍。5～8拍，双并步，左脚开始，右手臂捶左肩膀，左手臂自然下垂，共四拍，捶四次。(见图8－3－18)

图8－3－17

图8－3－18

第四个8拍：1～4拍，双并步，右脚开始，1拍左手臂曲臂上举，拳心朝内，右手臂直臂侧平举拳心朝下(见图8－3－19)；2拍右手臂曲臂上举，拳心朝内，左手臂直臂侧平举拳心朝下；3～4拍，手臂动作同1～2拍。

5～6拍，双脚原地跳跃一次，手臂打开至身体两侧，掌心朝下，7～8拍，原地做抖肩动作(见图8－3－20)。

图8－3－19

图8－3－20

第二部分：四个8拍，动作如下。

第一、第二个8拍动作同第一部分的第一、第二个8拍。

第三个8拍：1～4拍，双并步，右脚开始，1拍手臂握拳上举曲臂，拳心相对，右转 90 度(如图 8－3－21)，同样动作，左转 90 度，3～4 拍手臂动作同 1～2 拍。5～8 拍，双并步，左脚开始。手臂动作：双手掌心朝上，由下向上走弧形线动作(见图 8－3－22)。

第四个 8 拍：1～4 拍，双并步，右脚开始，1 拍左手臂前平举曲臂动作，掌心朝内，右手臂直臂侧平举，立掌朝外(见图 8－3－23)；2 拍右手臂前平举曲臂动作，掌心朝内，左手臂直臂侧平举立掌，掌心朝外；3～4 拍，手臂动作同 1～2 拍。5～8 拍，原地踏步，手臂由胸前交叉由内而外向两侧打开(见图 8－3－24)。

图 8－3－21　　图 8－3－22　　图 8－3－23　　图 8－3－24

第五组动作：结束动作

第一个 8 拍：1～8 拍，腿上动作均是双腿分开，马步下蹲。手臂动作：1 拍右上方 45 度方向，伸右手臂，掌心向内(见图 8－3－25)；2 拍还原，掌心相对，侧举曲臂打开(见图 8－3－26)；3 拍左上方 45 度方向，伸左手臂，掌心向内(见图 8－3－27)；4 拍和 2 拍动作一样；5 拍右手臂向右侧方向侧平打开，掌心朝下；6 拍和 2 拍动作一样；7 拍右手臂向身体左侧平举，掌心朝下(见图 8－3－28)；8 拍还原。

第二个 8 拍：动作同第一个 8 拍，最后结束动作，8 拍和 7 拍动作一样，作为结束定型动作(见图 8－3－29)。

图 8-3-25　图 8-3-26　图 8-3-27　图 8-3-28　图 8-3-29

(二)健身操舞《倍儿爽》的套路练习

第一组动作

第一个 8 拍：1～2 拍左腿弹动，双手向上推(见图 8-3-30)，3～4 拍原地跳跃(见图 8-3-31)，5～6 拍换右腿弹动，方向相反，7～8 拍同 3～4 拍。

第二个 8 拍：1～4 拍，左膝弯，左腿颤动，向左转圈 360 度，手臂撑开，左手臂向下 45 度，右手臂向上 45 度，手掌均为立掌(见图 8-3-32)。5～8 拍，双腿分开，原地颤动，双手握拳，5 拍左手冲拳，右手握拳胸前平屈(见图 8-3-33)。6 拍右手冲拳，左手握拳胸前平屈，7～8 拍同 5～6 拍。

图 8-3-30　图 8-3-31　图 8-3-32　图 8-3-33

第三个 8 拍同第一个 8 拍，动作相同，但方向相反。

第四个 8 拍同第二个 8 拍，动作相同，但方向相反。

第二组动作

1～2 拍，双腿依次分开，手臂向两侧侧平举(见图 8－3－34)，3～4 拍，双腿依次并拢，双手握拳于胸前。过渡动作。

第一个 8 拍：1～8 拍，双腿分开，分别向两边做顶胯练习。双手手指相连，随着顶胯做波浪形摆动(见图 8－3－35、图 8－3－36)。

第二个 8 拍：动作同第一个 8 拍。

第三个 8 拍：1～2 拍，右脚吸腿，左手握拳于胸前朝上，右手握拳下垂(见图8－3－37)，3～4 拍，左脚吸腿，右手握拳于胸前朝上，左手握拳下垂(见图 8－3－38)。5～6 拍同 1～2 拍，7～8 拍同 3～4 拍。

第四个 8 拍同第三个 8 拍。

图 8－3－34　图 8－3－35　图 8－3－36　图 8－3－37　图 8－3－38

第五个 8 拍：1～2 拍左脚向右前方向做迈步，左手随身体做向前推掌动作，右手叉腰(见图 8－3－39)。3～4 拍左脚向左后方做迈步，左手随身体做向后下方握拳动作，右手叉腰(见图 8－3－40)。5～6 拍同 1～2 拍，7～8 拍左脚向左方向做恰恰步，双手侧平打开(见图 8－3－41)。

图 8－3－39　图 8－3－40　图 8－3－41

第六个8拍：动作同第五个8拍，但是方向相反。

第七、第八个8拍同第五、第六个8拍。

第三组动作

第一个8拍：1～4拍，左脚向左前方45度方向做跑跳步，手臂随身体自然摆动。5～8拍，双腿原地弹动，5拍出左臂向上，掌心向内，6拍出右臂向上，掌心向内，7～8拍双手击掌两次。

第二个8拍：动作同第一个8拍，但方向相反。第三、第四个8拍同第一、第二个8拍。

(三)健身操舞《中国美》套路练习

第一组动作

右边一个8拍，左脚原地做垫地动作，右腿后踢，右手臂斜上举45度，左手臂侧平举(见图8-3-42)。左边一个8拍，动作同右边，方向相反。

第二组动作

1～2拍右前方45度方向转体，左脚向左侧退一步(见图8-3-43)。3～4拍，左脚向右上一步，同时右手臂上举，左手臂侧平举(见图8-3-44)，重复做两个8拍。

第三个8拍：左右扭胯(见图8-3-45)。

第四个8拍：向右画圆形走一圈(见图8-3-46)。

图8-3-42　图8-3-43　图8-3-44　图8-3-45　图8-3-46

第三组动作

第一个8拍，左脚开始恰恰，1～2拍(见图8-3-47)。3～4拍(见图

8－3－48)。5～8 拍同 1～4 拍。

第二个 8 拍：1 拍双脚依次向侧迈开，两手臂向两侧打开，掌心朝外，五指分开(见图 8－3－49)。2 拍双脚并拢，双臂曲臂握拳于胸前(见图 8－3－50)。3 拍双脚依次向侧迈开，双臂握拳直臂上举(见图 8－3－51)。4 拍同 2 拍。5～8 拍同 1～4 拍。

图 8－3－47　图 8－3－48　图 8－3－49　图 8－3－50　图 8－3－51

第三个 8 拍：1～2 拍左脚向后恰恰，手臂击掌后右手在前下 45 度方向，左手在后上 45 度方向伸出，立掌(见图 8－3－52)。3～4 拍右脚向后恰恰，手臂击掌后左手在前下 45 度方向，右手在后上 45 度方向伸出，立掌(见图 8－3－53)。5～8 拍同 1～4 拍。

第四个 8 拍：十字步两次，左脚开始走，手臂随身体自然摆动(见图 8－3－54)。

图 8－3－52　图 8－3－53　图 8－3－54

第四组动作

第 1 个 8 拍：1 拍左脚侧点地面(见图 8－5－55)。2 拍右脚侧点地(见图

8－3－56)。3～4 拍左脚侧点地后停住不动，5～8 拍同 1～4 拍动作。第 2 个8 拍同第 1 个 8 拍，接过渡动作，双腿原地弹动 4 拍。

第 3 个 8 拍：1 拍左脚跺地(见图 8－3－57)。2 拍还原，3～4 拍同 1～2 拍，跺右脚(见图 8－3－58)。5～8 拍，左脚跺地两次，手臂全部做提拉动作，第 4～6 个 8 拍，动作全部同第 3 个 8 拍，方向相反。

图 8－3－55　图 8－3－56　图 8－3－57　图 8－3－58

三、健身操舞与健身

(一) 健身操舞健身的总体学习方法和流程

健身操舞从大类上看，属于操和舞蹈的结合，在日常的锻炼中，需要先从基本步法开始学起，然后学习手臂动作，按组合学习，同时多听音乐，跟着节奏练习。主要是自练方法，首先是通过录像带、光盘、图解等资料所提供的动作进行模仿，在教练授课过程中，练习者边观察、边模仿练习，加深记忆，熟练动作，最后强化练习，在反复多次自练的基础上，熟练比较复杂多变的成组动作，通过自我强化训练，巩固技能，掌握动作技巧。也可以跟着广场上锻炼人群一起学习与锻炼，健身操舞在日常的身体锻炼中比较常见。

动作设计上要遵守符合强身健体和人体艺术造型的规律，在编排动作时，不仅要考虑到对身体各个部位的影响，而且还应在运动形态上有舞蹈造型美、外形美的特点。

(二) 健身操舞的力量素质练习的主要方法

根据以上力量训练方法，采取以下发展前臂、上臂、肩、胸、臂、腰、臂、大腿、小腿等肌肉群力量的各种手段。

第一部分：上肢和肩带力量练习

(1)推撑力量一般练习：利用体操凳进行的一般俯卧撑，推倒立，双杠屈伸，站立推举杠铃、仰卧推举杠铃、俯身提拉杠铃，持哑铃的手臂练习，包括前上举、侧上举、俯身上举、腕屈伸等。

(2) 直臂支撑力量一般练习：脚位置放高的仰撑、侧撑、俯撑以及靠倒立静力练习，爬倒立、双杠支撑和摆动、双杠支撑移动、鞍马支撑移动。

(3) 支撑动作练习：后举腿支撑、分腿支撑、背水平支撑、直角分腿支撑、直角分腿并腿、高直角支撑、支撑转体等。

(4) 托举力量：推举杠铃并顶举一定时间。

(5) 拉引力量：引体向上、爬绳等。

第二部分：躯干力量练习

(1) 腹肌力量。

各种仰卧收腹练习：起坐、举腿、两头起、举腿绕环。

各种悬垂收腹练习：举腿、举腿绕环。

各种快速踢腿练习：扶肋木前踢腿、原地和移向前高踢腿跑跳。

(2) 背肌力量。

在高位上的俯卧抬上体、两头起背肌、摆腿。

扶肋木的快速后踢腿、原地和移动向后高踢腿跑跳。

(3) 侧腰肌力量。

侧卧起上体、仰卧体转起坐。

扶肋木的快速后踢腿、原地和移动的向侧高踢腿跑跳。

(4) 躯干控制力量。

仰卧，脚和肩背分别置于体操凳上，身体伸直保持一定时间。腹部可负重。

俯卧，脚和前臂分别置于体操凳上，身体伸直保持一定时间。背部可负重。

直角支撑、高直角支撑、背水平支撑下的躯干控制力量练习。

第三部分：下肢力量

（1）弹跳力。

一般练习：连续深蹲跳练习、连续蹬跳 10～20 米 、跳短绳、跳台阶、连续起踵。以上练习可负重、单腿和双腿做，跳绳和跳台阶还可两腿交替做。

大跳动作练习：各种连续双腿和双腿起跳的大跳步包括纵跳、团身跳、分腿跳、屈体跳、横劈叉跳、总劈叉体、转体跳、交换腿跳、前跨跳、侧跨跳等。各种跑跳和高踢腿组合练习，可负重做。

（2）落地缓冲力量。

落地缓冲力量主要是采用负重半蹲起和静止负重半蹲的交替退让练习，可肩扛杠铃或同伴，练习时并行开立，膝稍内扣，上体直立，下蹲到半蹲姿势（膝关节角度约为 135°），保持一定时间，然后直立。

（3）控制力量。

控制力量采用扶肋木和不扶肋木的前、侧、后搬腿和空腿，前屈后控腿平衡等练习，可负重做。

第四节 体育舞蹈

体育舞蹈，又称“国际标准舞”，由社交舞转化而来，是体育与艺术高度结合的一项体育项目，是融体育、音乐、艺术为一体，以身体运动的舞蹈化为基本内容，以双人配合为主要运动形式的娱乐型体育运动项目。在高校开设体育舞蹈健身课程，对于提高大学生文化品位和交际能力、丰富文化生活、增进身心健康、培养高雅气质、陶冶情操等方面都具有较高的价值和意义。

一、体育舞蹈概述

(一)体育舞蹈的发展过程

体育舞蹈源于欧美传统的宫廷舞、交际舞和各种民间土风舞，后经不断地发展演变及体育舞蹈权威人士的统一整理规划而日益成熟完善，逐渐形成现在的体育舞蹈。体育舞蹈同艺术、体育、音乐和舞蹈于一体，被人们誉为“健”与“美”相结合的典范。它作为一种艺术形式的体育运动，不仅具有独特的竞技观赏性，同时还具有强烈的艺术感染力。

14 世纪～15 世纪，交谊舞在意大利出现，16 世纪末传入法国。1768 年，法国巴黎出现了世界第一家交谊舞厅，由此开始，交谊舞流行至欧美各国，成为人们一种普遍的社交方式。后来经过不断地提炼、加工，吸取各种舞蹈的成果和精华，甚至借鉴体操、花样划水的一些动作，逐渐严谨和发展，形成了当今流行的交谊舞。

经历一百多年的发展，“社交舞”从“社交”发展为“竞技”，将单一的舞种发展为摩登舞和拉丁舞两大体系中的十个舞种，并在 1940 年成立了“英国皇家舞蹈教师协会”。英国皇家舞蹈教师协会对原“舞种”“舞步”“舞姿”等进行规范整理，制定了有关舞蹈理论、技巧、音乐、服饰等竞技的标准，公布为“国际标准交谊舞舞厅舞”(简称“国标舞”)，为世界各国所遵循。英国的黑池甚至成了“国标舞”的比赛圣地。

1959 年，国际交谊舞理事会制定了规则。1960 年，拉丁舞正式成为世界锦标赛比赛项目。1964 年，国际标准舞又增加新的表演和项目——团体舞，从此，国际标准舞发展为三种形式的舞蹈，为标准舞、拉丁舞、团体舞。目前，世界各国将国际标准舞易名为“体育舞蹈”。“国际舞蹈运动总会”于 1997 年 9 月 4 日正式成为国际奥林匹克委员会会员，2000 年成为悉尼奥运会表演项目，2008 年成为奥运会正式比赛项目。

体育舞蹈在 1986 年传入我国。1989 年，中国舞蹈家协会正式成立了“中国国际标准舞总会”，后改名为“中国国际标准舞学会”，从 1987 年开始，全国每年至少举办一次全国性的体育舞蹈锦标赛，迄今已举办过十多届，至于各种邀请赛及地区赛则数不胜数。

(二)体育舞蹈特点

体育舞蹈是由属于文艺范畴的舞蹈演变而来的体育项目，它兼有文艺和体育的特点，是介于文艺和体育之间的边缘项目，是以竞赛为目的的，具有自娱性和表演观赏性的竞技舞蹈。具有以下三个特点。

1. 严格的规范性

规范性首先表现在体育舞蹈是一个完整的舞蹈系统，如同西方芭蕾舞一样，它是经过数百年历史的锤炼，几代人的加工而成的；其次表现在技术的规范性上，舞步动作严格到多一分嫌过，少一点欠火。

2. 表演观赏性

体育舞蹈融舞蹈、音乐、服装、体态美于一体，既有观赏的价值又有健身参与的可能，被认为是一种“真正的艺术”。

3. 体育性

体育性一方面体现在竞技性，即比赛成绩，拿冠军，为国争光；另一方面表现在锻炼价值上，从 20 世纪 60 年代至今，许多科研人员对体育舞蹈的生理和心理做过研究，通过对人体能量代谢、能量消耗和心率变化的测定，显示出华尔兹和探戈的能量代谢为 7.57，高于网球 7.30，与羽毛球 8.0 相近；体育舞蹈的最高心率为女子 197 次/分，男子 210 次/分。可见，体育舞蹈引起人的生理变化是明显的，它是陶冶情操、锻炼体魄的一种极好形式。

（三）体育舞蹈的分类及特点

体育舞蹈按其对社会的作用分为两大类：大众体育舞蹈和竞技体育舞蹈，竞技体育舞蹈又分为标准舞、拉丁舞和集体舞三类。

1. 标准舞（摩登舞）

(1)华尔兹(Waltz)：又称圆舞，是标准舞种，历史最悠久，生命力最强的舞蹈形式，起源于德国，音乐节奏为3/4拍，音乐速度每分钟30～32小节，音乐的基本节奏为蓬（强）嚓（弱）嚓（弱）。该舞种特点为舞姿雍容华贵、高雅大方，舞步委婉流畅、周旋轻飘、起伏跌宕，具有“舞中之王”的美誉。华尔兹的基本技术主要有升降、摆荡、倾斜、反身等技术。

(2)探戈(Tango)：起源于阿根廷，音乐节奏为2/4拍，音乐速度每分钟30～34小节，音乐的基本节奏为慢、慢、快快、慢。该舞种特点为舞姿刚劲顿挫、潇洒奔放，舞步节奏爽快流畅、动静交织，无升降、摆荡。该舞站位要求细腻严谨，其脚法有全脚掌、脚内侧、前脚掌内侧、脚跟、脚尖等；头部要求快速左右闪动，目光左右闪视，同时配合上身的转动是该舞种的另一独特的特点。

(3)狐步舞(Slow Foxtrot)：起源于美国黑人舞蹈，音乐节奏为4/4拍，音乐速度每分钟28～30小节，音乐的基本节奏为慢、快快、慢。该舞种特点为舞姿平稳大方、温柔从容，舞步悠闲轻松、富有流动感，给人一种轻松愉悦的感觉，犹如狐狸跑步般不慌不忙。其脚法几乎与华尔兹相同，上身随着升降而沿S形路线左右转动，下降过程中身体不做转动，上升过程开始转动，以此来保持身体的平衡。

(4)快步舞(Quick Step)：起源于美国，音乐节奏为4/4拍，音乐速度每分钟50～52小节，音乐的基本节奏为慢、慢、快快、慢。该舞种特点为舞姿轻松欢快，舞步跳跃转动、灵活动人，是一种欢快娱乐的舞蹈。快步舞脚上及身体上的技术融入了华尔兹、探戈和狐步舞的精华所在，使其成为在节奏上最具魅力的舞蹈。

(5)维也纳华尔兹(Viennese Waltz)：起源于奥地利，音乐节奏为3/4

拍，音乐速度每分钟 50～60 小节，音乐的基本节奏为蓬(强)嚓(弱)嚓(弱)。该舞种特点为舞姿华丽优雅，舞步不多，以不停旋转为主，动作舒展大方、连绵起伏，节奏鲜明、潇洒流畅，深受人们所喜爱。

2. 拉丁舞

(1)伦巴(Rumba)：起源于古巴，音乐节奏为 4/4 拍，音乐速度每分钟 27～31 小节，音乐的基本节奏为蓬、嚓嚓、蓬嚓、蓬嚓。该舞种特点为舞姿柔媚动人、甜美含蓄，舞步涓涓柔美。伦巴是表现爱情的舞蹈，被誉为“拉丁舞之魂”。

(2)恰恰恰(Cha－Cha－Cha)：起源于墨西哥，音乐节奏为 4/4 拍，音乐速度每分钟 32～34 小节，音乐的基本节奏为嚓、蓬蓬嚓、嚓嚓蓬蓬嚓。该舞种特点为舞姿花哨利落，舞步欢快爽朗。

(3)桑巴(Samba)：起源于巴西，由巴西的摇摆桑巴舞演变而来的。音乐节奏 4/2 拍，音乐速度每分钟 48～56 小节，音乐的基本节奏为慢快慢、慢、快、慢。该舞种特点为舞姿活泼动人、甜美生动，舞步风吹摇曳。

(4)牛仔舞(Jive)：起源于美国，音乐节奏为 4/4 拍，音乐速度每分钟 44 小节，音乐的基本节奏为每一拍一步。该舞种特点为舞姿豪放、开朗，舞步自由多变，节奏快捷。

(5)斗牛舞(Paso Doble)：起源于西班牙，音乐节奏为 4/2 拍，音乐速度每分钟 60～62 小节，音乐的基本节奏为每一拍一步。该舞种特点为舞姿威猛激昂、刚劲有力，舞步坚定、悍厉。

3. 集体舞

标准舞(5 个舞种)；拉丁舞(5 个舞种)。

大众体育舞蹈又称为交谊舞，或称舞厅舞，包括时下流行时尚的舞种。

二、体育舞蹈术语

(一)体育舞蹈基本名词

1. 舞场

舞场即为整个舞蹈表演的所在区域。国际标准舞的比赛是在室内平整光滑的场地进行，长度为 23 m，宽度为 15 m。舞者在长方形场地沿逆时针方向前进，跳完 23 m 长度线 A 线，再转入 15 m 的 B 线，再依次转入 A 线和 B 线为一周（见图 8－4－1）。

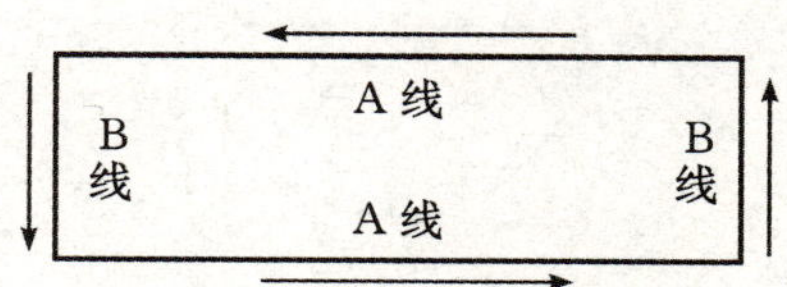

图 8－4－1　体育舞蹈比赛场地图示

舞程线是指选手在跳舞时，为了更好地展现各种舞步，防止和避免舞者在跳舞时彼此碰撞，选手必须按照逆时针方向前进、行步的一种路线。

方位指在一个舞步刚开始或结束时，双脚在舞池中所指的方向，并非身体所面对的方向。

在体育舞蹈路线中，规定了 8 条线，指向 8 个方位，8 条线则指示着舞蹈者每个舞步的行进方向（见图 8－4－2）。

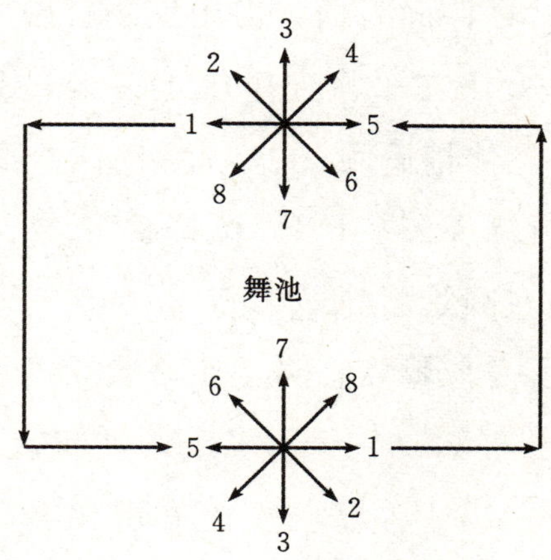

图 8－4－2　体育舞蹈方位图

1 为面对舞程线；2 为面对斜墙壁；3 为面对墙壁；4 为面对斜中央；5 为背对舞程线；6 为背对斜墙壁；7 为面对中央；8 为面对斜中央。

转度指身体向左向右的旋转，旋转一周为 360°，1/8 周为 45°，1/4 周为 90°，3/8 周为 135°，1/2 周为 180°，5/8 周为 225°，3/4 周为 270°，

7/8 周为 315°（见图 8－4－3）。

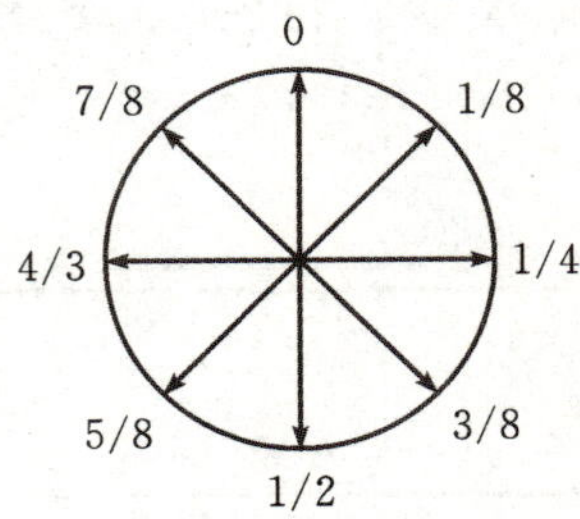

图 8－4－3　体育舞蹈转度图

节奏通常指以一定规律的节拍反复出现、赋予音乐独有的特色。

速度这里指音乐的速度，即每一分钟内所演奏的小节总数。

组合指两个或两个以上的步伐连接形成组合。

套路指由若干个组合串编成一套完整的舞蹈。

(二)体育舞蹈舞姿

(1)基本舞姿指舞蹈者的姿态，体育舞蹈者身体各部位规定的姿势。

(2)闭式舞姿指男女舞伴面对面，男士左手握住女士右手，男士右手放于女士左肩胛骨下方，女士左手将虎口放于男士右上臂三角肌中央；女士身体向男士右侧微偏，上体稍后倾。

并进舞姿又称“侧行舞姿”或“P. P. 位舞姿”，两人的身体面向同一个方向，男士右侧与女士的左侧紧贴。

(3)外侧舞姿又称反身位舞姿，男士走在女士身旁呈跳舞的姿态。多用于探戈舞中。

并肩位指男女舞伴，男士左肩与女士右肩相并，或男士右肩与女士左肩相并成为并肩位。

影子位指男女舞伴同时面对一个方向，重叠站立。女士多数在前。

(4)反身动作指一侧前进或后退时，异侧肩和胯位向后或前送，使身体与舞步形成反向配合的身体动作。

(5)反身动作位置指在身体不转动的情况下，一脚在身前或身后形成交叉，以保证俩人身体维持胯部贴位姿态的身体动作位置。常用于外侧舞伴姿态，侧行位置姿态的舞步中。

(6)摆荡动作指像钟摆一样的身体摆动动作。

(7)升降动作指身体重心的上下起伏。由足踝部上顶，足踵离地，膝盖上升，屈膝下降，保持优美姿态。基本规律是降一升一升。

(8)倾斜动作指身体的倾斜，身体向一侧拉长，但始终保持挺拔向上。

(三)体育舞蹈舞步

(1)基本舞步：构成一种特定舞蹈的基调舞步型。

(2)常步：常步也称为走步，可分为前进步和后退步。做左前进步时，首先脚跟着地，过渡到前脚掌，后过渡到脚趾，身体重心过渡至前进腿上。后退步时，首先脚尖着地，过渡到前脚掌、后过渡到脚跟，重心过渡至后退腿上。例如华尔兹。

(3)横步：分为左、右横步两种。左横步，左脚向左侧迈步，右脚用前脚掌向左脚内侧靠拢，重心也由迈出的左脚移至靠拢的右腿上。右侧横步，与左侧横步方向相反。例如伦巴。

(4)并步：分为前、后、侧 3 种。以前并步为例，左脚向前迈步，右脚前脚掌在左脚内侧点地，重心仍在左腿上。例如快四。

(5)滑步：在第二步双脚并拢的三步组成的舞步。

(6)踌躇步：前进暂时受阻的舞步，重心停留于一脚超过一拍。

(7)脚跟转：向后迈出的脚的脚跟转。在动作过程中并上的脚必须与主力脚平行，旋转结束时身体重心移动至并上的脚。

(8)脚跟轴转：不变重心的单脚跟旋转。

(9)锁步：两脚前后交叉的舞步。

(10)轴转：一脚脚掌的旋转，另一脚处于前或后的反身动作位置。

(11)开式转：第三步不并靠而是超越第二步的旋转。

(12)逗留步：身体运动或旋转受阻时的部分舞步，双脚几乎静止不动。

(13)准线：双脚的位置或双脚所指的方向与房间的关系。

(14)平衡：舞蹈中身体重心的平均分配。

三、体育舞蹈舞种及跳法

(一)体育舞蹈基本舞步

1. 华尔兹基本舞步

准备姿势：闭式舞姿。

(1)左足并换步(动作与足迹图见图 8-4-4)。

男士：左脚前进一步；右脚经左脚内侧横步(右脚落点稍前)；左脚并于右脚，重心在左脚上。

女士：右脚后退一步；左脚经右脚内侧横步(稍后)；右脚并于左脚，重心在右脚。

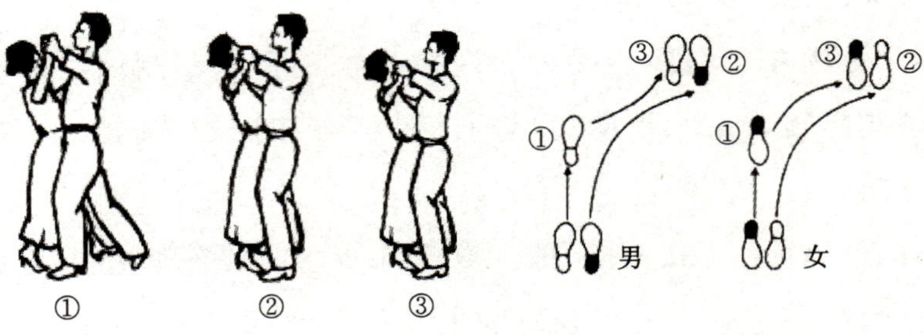

图 8-4-4

(2)右转体(动作与足迹图见图 8-4-5)。

男士：右脚前进一步；左脚经右脚内侧横步，并向右转体 90°；右脚并于左脚，继续向右转体 45°，重心落于右脚；左脚后退一步；右脚经左脚内侧横步，身体右转 135°；左脚并于右脚，重心落于左脚。

女士：左脚后退一步；右脚经左脚内侧横步，并向右侧转体 135°；左脚并于右脚，重心至左脚；右脚前进一步；左脚经右脚内侧横步，身体右转 90°；右脚并于左脚，继续右转 45°，重心落于右脚。

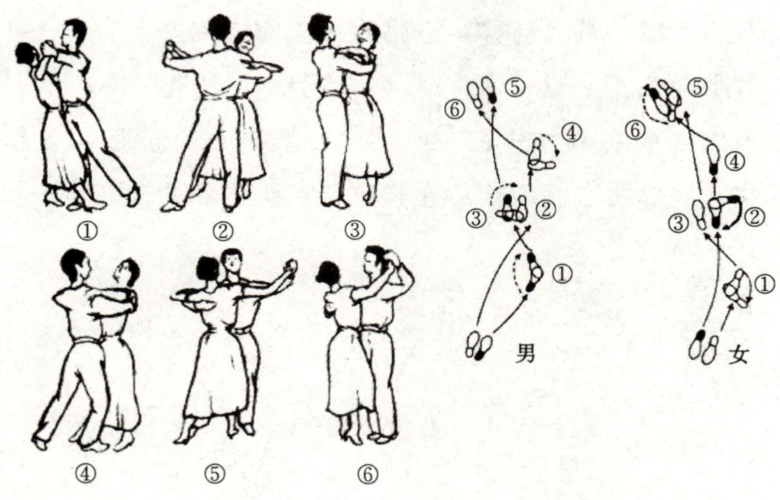

图 8－4－5

(3)右足并换步：动作同左足并换步，但方向不同，男士右脚前进，女士左脚后退(动作与足迹图见图 8－4－6)。

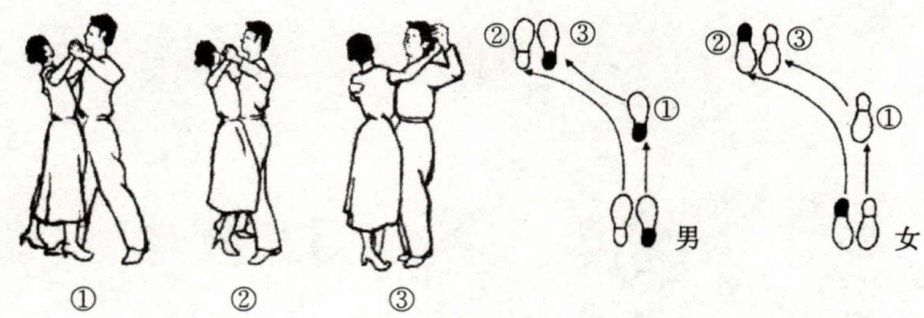

图 8－4－6

(4)左转体：动作与右转体相同，但方向不同，男士左脚前进并向左转体，女士右脚后退并向左转体(动作与足迹图见图 8－4－7)。

2. 伦巴基本舞步

基本舞姿：①为闭式舞姿，②为单手相握的开始舞姿(动作与足迹图见图 8－4－8)。

(1)左右基本步(即为腿部在左右移动位置上髋部的摆动)。

男士：左脚前进一步，重心前移，髋部向左侧前摆；重心后移，髋部向右侧后摆；左脚收于右脚内侧并向左侧一步；右脚向后退一步，重心后移，髋部向右侧后摆；重心前移，右脚收于左脚内侧并向右侧一步。

女士：右脚向后退一步，重心后移，髋部向右侧后摆；重心前移，右脚收于左脚内侧并向右侧一步；左脚前进一步，重心前移，髋部向左侧前摆；重心后移，髋部向右侧后摆；左脚收于右脚内侧并向左侧一步。

图 8－4－7

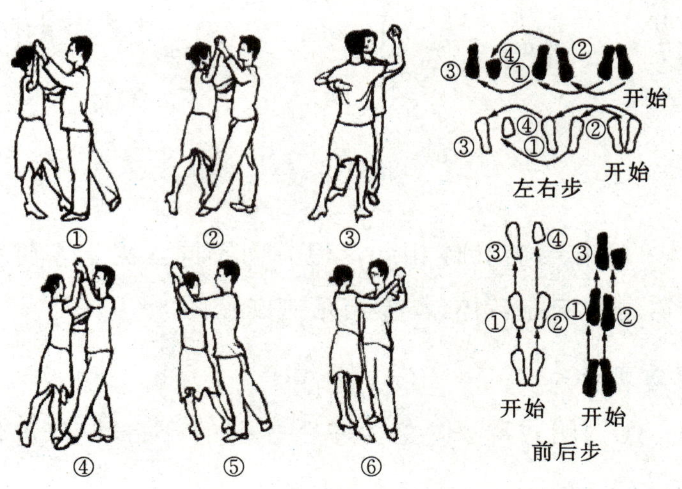

图 8－4－8

(2)前后基本步(即为腿部在前后移动位置上髋部的摆动)。

男士：左脚前进一步，重心前移，髋部向左前摆；重心后移，髋部向右侧后摆；左脚经右脚内侧后退一步，重心在左脚；右脚后退一步，重心后移，髋部向右后摆；重心前移，髋部向左前摆；右脚经左脚内侧向前迈一步，重心在右脚。

女士：右脚向后一步，重心后移，髋部向右后摆动；重心前移，髋部向左前摆动；右脚经左脚内侧向前迈一步，重心在右脚；左脚向前一步；重心前移，髋部向左前摆动；重心后移，髋部向右后摆动；左脚经右脚内侧向后迈步，重心在左脚。

（二）大众体育舞蹈套路练习

慢三套路：直行至开式位→侧行左转接外侧左转→闭式左转经盘旋接直退成影子位→左外侧行进→右外侧行进→女右旋转散十经探海接坐旋转成闭式位→右旋转至开式位→迂回步接切克造型→右外侧旋转至开式位→双人套花结束。

1. 直行至开式位

男士：左脚前进；右脚前进并左转 45°；左脚前进。

女士：右脚后退；左脚后退并右转 45°；右脚前进。

2. 侧行左转

男士：右脚前进；左脚前进；右脚前进。

女士：左脚前进；右脚后退并向左后转 90°；左脚后退。

3. 外侧左转

男士：左脚前进；右脚后退并向左转 45°；左脚后退右转 45°。

女士：右脚后退；左脚前进并向右转 45°；右脚前进左转 45°。

4. 左外侧行进

男士：左脚前进右转 45°；右脚前进左转 90°；左脚并于右脚。

女士：左脚前进右转 45°；右脚前进左转 90°；左脚并于右脚。

5. 右外侧行进

男士：右脚前进左转 45°；左脚前进右转 90°；右脚并于左脚。

女士：右脚前进左转 45°；左脚前进右转 90°；右脚并于左脚。

6. 探海

男士：左脚在前，右脚在后的弓步造型。

女士：右脚在前，左脚在后的弓布造型。

7. 迂回步

男士：右脚前进；左脚前进左转 45°；右脚横步；左脚沿右脚后退，左转 45°；右脚横步左转 180°；左脚横步成 P.P 位舞姿。

女士：左脚前进；右脚前进左转 135°；左脚横步；右脚外侧前进左转 45°；左脚横步左转 90°；右脚经左脚横步成 P.P 位舞姿。

8. 切克造型

男士：右脚前进；左脚前进；右脚从外侧迈至左脚后侧，两腿膝盖叠加，左膝盖在前。

女士：左脚前进；右脚前进；左脚从外侧迈至右脚后侧并左转 45°，两腿膝盖叠加，右膝盖在前。

9. 双人套花

(1)男士转圈。

男士：右脚前进；左脚前进并左前转 90°；右脚并左脚。

女士：左脚前进；右脚前进；左脚并右脚。

(2)女士转圈。

男士：左脚前进；右脚前进；左脚并右脚。

女士：右脚前进；左脚前进并左前转 90°；右脚并左脚。

快四套路：直进步→前进换向步接右左外侧前进转步→右外侧后退步成开式位接外侧右转成闭式位→右旋转步→左旋转步(连续)至分式位→水兵步接双手拉握分式位换位→臂下右(左)转换位。

1. 直进步

男士：左脚前进；右脚前进；左脚前进；右脚向左脚并步。

女士：右脚后退；左脚后退；右脚后退；左脚向右脚并步。

2. 前进换向步

男士：左脚向左前 45°前进；右脚前进；左脚前进并向左转 90°；右脚并于左脚。

女士：右脚向右后 45°后退；左脚后退；右脚后退并向右转 90°；左脚并于右脚。

3. 右左外侧后退转步

男士：左脚向左后 45°后退；右脚后退；左脚后退并向左转 90°；右脚并于左脚。

女士：右脚向右前 45°前进；左脚前进；右脚前进并向右转 90°；左脚并于右脚。

4. 右旋转步

男士：左脚后退；右脚后退并向右后转 90°；左脚前进并向左前转 90°；右脚并于左脚。

女士：右脚前进；左脚前进并向左前转 90°；右脚后退并向右后转 90°；左脚并于右脚。

5. 左旋转步与右旋转步动作相同，男士进，女士退

男士：左脚前进；右脚前进并向右前转 90°；左脚后退并向左后转 90°；右脚并于左脚。

女士：右脚后退；左脚后退并向左后转 90°；右脚前进并向右前转 90°；左脚并于右脚。

6. 水兵步

男士：左脚前进；右脚前进；左脚前进；右脚并于左脚。

女士：右脚前进；左脚前进；右脚前进；左脚并于右脚。

7. 双手拉握分式位换位

男士：左脚前进并左转 45°；右脚前进并左转 45°；左脚后退并向左后转 45°；右脚并于左脚。

女士：右脚前进并右转 45°；左脚前进并右转 45°；右脚后退并向右前

转 45°；左脚并于右脚。

8. 臂下右(左)转换位

男士：左脚前进；右脚前进并向左前转 45°；左脚后退并转 45°；右脚并于左脚。

女士：右脚前进；左脚后退并向右后转 45°；右脚前进 45°；左脚并于右脚。

四、体育舞蹈与健身

体育舞蹈运动是一项新兴的体育项目，是体育和舞蹈的结合，是大众健身和体育竞技的结合，具有运动与艺术的双重性。体育舞蹈极富群众娱乐健身性质。

(一)体育舞蹈的健身功能

(1)体育舞蹈对提高心肺功能的促进作用。进行体育舞蹈练习时，人体处于运动状态，可令心跳由每分钟 80 次升到 120 次，有些甚至更高，它的功效等同于任何体力训练或有氧运动，心肌收缩力加强，心输出量增加，血流加快，呼吸加深、加快，对心肺系统是一种很好的锻炼。

(2)体育舞蹈对提高肌肉力量的促进作用。肌肉中有着丰富的毛细血管。在进行体育舞蹈锻炼时，由于肌纤维的主动收缩与放松，肌肉内毛细血管大量开放，这可使肌肉获得更多血液供应，带来更多氧气和养料，使肌肉内代谢过程大大加强，使肌纤维内的蛋白质增加，肌纤维逐渐粗壮，肌肉内功能物质含量增加，肌肉的结缔组织弹性改善，使肌腱弹性、韧性加强。

(3)体育舞蹈对柔韧性的促进作用。体育舞蹈中大量的动作，如基本姿态、倾斜、反身及造型，都以身体不同部位的线条延伸来展示人的形体美。这些主动延伸的动作给关节周围组织的肌肉、肌腱、韧带施加有节奏的牵拉，这种牵拉极大地提高了人体的柔韧性。另外，体育舞蹈动作使肌肉温度升高，新陈代谢加强，供血增多，肌肉的黏滞性减少，肌肉的弹性和伸展性提高，柔韧性也得以增加。

(4)体育舞蹈对脊柱方面的作用。无论是拉丁舞还是摩登舞都要求垂直、挺拔，因此经常练习体育舞蹈，弯曲的脊椎可以归正，椎间盘突出可以得到预防和治疗。

(5)体育舞蹈对关节的好处。据医学报道，避免早期关节炎与治疗关节不适的最好方法是适度使用关节，跳体育舞蹈可使全身各关节如颈、肩、肘、髋、膝、踝等都能得有效的锻炼。

(二)体育舞蹈与心理健康

体育舞蹈使学生在有音乐和舞蹈的运动过程中产生良好的情绪与情感体验，能增强学生的审美能力。

(三)体育舞蹈与社会适应性

体育舞蹈竞赛能提高参与者对遭遇挫折和失败的适应性，可以改善自我意识水平和社交能力。

第五节 瑜　伽

一、瑜伽概述

(一)瑜伽的起源

瑜伽，YOGA 梵文 YUG，原意指把牛马套在车辕上，瑜伽在梵文中译为内在真我的统一，其含义是结合、联系、连接之意，即把精神、智慧和肉体完美结合起来。瑜伽起源于 5000 年前的印度，流行于世界，是东方最古老的健身术之一。古代的印度信徒发展了瑜伽体系，因为他们深信通过运动身体和调控呼吸，完全可以控制心智和情感，保持身体长久的健康。瑜伽是一种身体、呼吸与心灵相联动的运动。

(二)瑜伽的主要流派

(1)哈达瑜伽也是阴阳瑜伽，是当今世界最盛行的以调息体式为中心的体育活动，利用瑜伽中的体位呼吸法来强化身体，增强气能，身心相互影响，欲强心，先强身，其注重身体的清洁呼吸和各种身体的体式。

(2)流瑜伽是哈达瑜伽和阿斯汤加瑜伽的混合体，结合更多瑜伽中的不同元素自成一派，姿势优美，强调运动与呼吸的协调性运用，流畅的动作使一系列的瑜伽姿势交织在一起，使整个过程充满活力和情趣，适应人群为有一定基础的练习者。

(3)阿斯汤加瑜伽，该瑜伽可快速提高体力和专注能力，注重动作与呼吸的同步性，这种锻炼可清洁身体各个部位，使身体远离病痛，给练习者强壮轻盈的体魄。

(4)阴瑜伽因阿斯汤加瑜伽过于阳刚，需要阴柔的元素平衡而出现，其认为在较剧烈的体式后需要舒缓的动作拉长肌肉与筋腱，一般动作在 5 分钟，初学者在 3 分钟左右，动作基本是伸展、扭转等静态、让人平静的动作。

(5)高温瑜伽也称“热瑜伽或热力瑜伽”，就是在38℃～40℃的高温环境中做瑜伽。它由26种伸展动作组成，属于柔韧性运动，能改善脊椎柔软度。同时，它借助一些扭转、弯曲、伸展的静态动作，直接刺激神经和肌肉系统，可以减轻体重。

二、瑜伽动作

(一)瑜伽的呼吸

1. 腹式呼吸

仰望、静坐、站立均可练习，可将右手轻放于肚脐上，吸气时把空气从鼻吸入经肺部送到腹部，当吸气正确时手随腹部抬起，吸气越深腹部升起越高，随着腹部扩张，横膈膜想下降，呼气腹部向内朝脊柱方向收拢，凭着尽量收缩腹部的动作，把所有废气从肺部完全呼出。横膈膜自然向上升。

2. 胸式呼吸

仰望、静坐、站立均可练习，可将双手轻放于肋骨两侧，慢慢吸气时，把气体吸入胸部区域，胸骨、肋骨向外扩张，腹部应保持平坦。当你吸气量加深时，腹部应向内收紧。呼气时，缓慢地把肺部浊气排出体外，肋骨和胸骨恢复原位。

3. 完全式呼吸

完全式呼吸就是把腹式呼吸和胸式呼吸结合在一起完成的正确自然地呼吸。每次吸气，先用腹式呼吸的方式让气息充满肺部下叶，然后衔接胸式呼吸，使肺叶的中上部也打开，也就是吸气时先使腹部扩张，然后使胸部肋骨扩张，呼气时先使胸部肋骨回落，然后再使腹部收缩回落。

4. 喉呼吸

喉呼吸是在呼吸时喉部在放松的情况下刺激声带，伴随吸气时发出的“sa”的声音，而呼气时发出“ha”的声音。

5. 呼吸法与体位法结合的基本原则

(1)呼吸和体式是相互渗透的，灵活运用最为关键，只有深刻理解和掌握才能活用。

(2)动作是顺地心引力方向呼气，反之吸气。

(3)胸腔扩大时吸气，反之呼气。

(4)需要增强力量时吸气，反之呼气。

(5)身体扭转前吸气。

(6)不知该吸还是该呼时采用相同程度的频度呼吸。

(7)不当的屏息和呼吸会造成身体伤害。

(8)动作必须结合呼吸动作的期间小于呼吸的期间。

(二)健身瑜伽体式

2016 年，由国家体育总局社会体育指导中心、全国瑜伽运动推广委员会审定的 2016《健身瑜伽 108 式体位标准》正式推广。

1. 健身瑜伽拜日式

拜日式的 12 个动作，左边代表 12 个小时，右边代表 12 个小时，整个拜日式坐下来给你一天 24 小时的精力(见图 8－5－1)。

图 8－5－1

(1)祈祷式　动作：双脚自然并拢，身体直立双肩放松，目视前方双手合十胸前自然呼吸。功效：集中可宁静思绪。

(2)展臂式　动作：保持双腿伸直不弯曲，伸长缓慢吸气，将双手上举过头顶伸直手肘呼气，脊椎向后缓慢弯曲到极限位置。功效：伸展腹部器脏，促进消化，消除多余脂肪，加强肌精，开阔肺叶，使手臂和肩膀得到充分锻炼。

(3)前屈式　动作：慢慢呼气，双臂带动身体向前弯伸保持双腿伸直不要弯曲，双手手掌尽量按在地面上，上身尽量靠近双腿。功效：预防胃病促进消化，缓解便秘，柔软脊柱加强肌神经。

(4)骑马式　动作：双手控制力量，抬头微屈双膝，将右脚向后一大步，脚尖点地，呼气放松膝盖、脚背，随着吸气，髋部下压。功效：按摩腹部器官，改善其活动功能，打开髋部，加强两腿肌肉，增强平衡力。

(5)顶峰式　动作：呼气双脚踩向垫面，伸直双腿重心后移，脚跟踩向地面，臀部抬至最高点。功效：与前一姿势反方向弯曲脊柱，有助于脊柱柔软和脊神经供血。

(6)八体投地式　动作：屈双手肘，将胸部放于两手之间的地面(下颌或前额点地)。手肘内收夹紧身体，肩胛骨内收，脚尖依然保持回钩。将身体力量均匀地放于(双手、双膝、双脚、胸部、下颌)八个支点上，保持均匀地呼吸。功效：内脏倒置，促进内脏自我按摩和自愈，加强肠道蠕动。强化身体协调能力。血液会流向双肩胛骨区域和胸部，对于喉轮和胸轮有刺激作用，同时加强双臂、双腿的力量。

(7)眼镜蛇式　动作：再次吸气，头部带动身体向前向上伸直手肘，大腿耻骨尽量贴于地面，颈部向上仰起带动脊椎后卷。功效：这个姿势对胃病包括消化不良和便秘非常有用，锻炼脊椎让脊神经焕发活力。

(8)顶峰式；(9)骑马式；(10)前屈式；(11)展臂式；(12)祈祷式；(8)～(12)重复。

2. 健身瑜伽拜月式(见图8-5-2)

(1)祈祷式　动作：双脚自然并拢、身体直立、双肩放松，目视前方双手合十胸前自然呼吸。功效：集中可宁静思绪。

(2)展臂式　动作：保持双腿伸直不弯曲，伸长缓慢吸气，将双手上举过头顶伸直手肘呼气，脊椎向后缓慢弯曲到极限位置。功效：伸展腹部器脏，促进消化，消除多余脂肪，加强肌精，开阔肺叶，使手臂和肩膀得到充分锻炼。

(3)前屈式　动作：慢慢呼气，双臂带动身体向前弯伸，保持双腿伸直不要弯曲，双手手掌尽量按在地面上，上身尽量靠近双腿。功效：预防胃病，促进消化，缓解便秘，柔软脊柱，加强肌神经。

健身瑜伽拜月式全图

图 8－5－2

(4)骑马式　动作：双手控制力量，抬头微屈双膝，将右脚向后一大步，脚尖点地，呼气放松膝盖、脚背，随着吸气，髋部下压。功效：按摩腹部器官，改善其活动功能，打开髋部，加强两腿肌肉，增强平衡力。

(5)新月式　动作：在起跑式基础上，身体向上伸展，双手置于髋部。左脚紧压地面，右脚伸直向前靠，髋部摆正。保持 2～3 次呼吸的时间。吸气，双臂上举过头顶，贴紧双耳，扩张肩部和胸部，手臂伸直带动身体向上，继续延伸脊柱，稳固双脚，下沉小腹。右腿膝盖着地，扩展左右髋部。自然呼吸，眼睛看向前方，保持身体稳定。继续吸气，双臂带动上身往后仰，髋部、腿部保持不动，体会脊椎后侧的挤压感。功效：可以有效强化双脚、脚腕、小腿、膝部和大腿的力量，增强肌肉耐力，锻炼练习者的意志力；增强循环系统的功能，增加肺活量；提高身体的平衡控制能力；舒展髋部和肩部，纠正各种不良体态，使身体变得更轻盈。

(6)顶峰式　动作：呼气，双脚踩向垫面伸直双腿重心后移脚跟，踩向地面，臀部抬至最高点。功效：与前一姿势反方向弯曲脊柱，有助于脊柱柔软和脊神经供血。

(7)八体投地式　动作：屈双手肘，将胸部放于两手之间的地面(下颌或前额点地）。手肘内收夹紧身体，肩胛骨内收，脚尖依然保持回钩。将身体力量均匀地放于(双手、双膝、双脚、胸部、下颌)八个支点上，保持均匀地呼吸。功效：内脏倒置，促进内脏自我按摩和自愈，加强肠道蠕动。强化身体协调能力。血液会流向双肩胛骨区域和胸部，对于喉轮和胸轮有刺激作用，同时加强双臂、双腿的力量。

(8)眼镜蛇式　动作：再次吸气，头部带动身体向前向上伸直手肘，大腿耻骨尽量贴于地面，颈部向上仰起带动脊椎后卷。功效：这个姿势对胃病包括消化不良和便秘非常有用，锻炼脊椎让脊神经焕发活力。

(9)顶峰式；(10)骑马式；(11)新月式；(12)前屈式；(13)展臂式；(14)祈祷式，(9)～(14)重复。

3. 全国健身瑜伽 108 式体位标准

全国健身瑜伽体位标准(一)：第一级 24 式(见图 8－5－3)。

图 8－5－3

全国健身瑜伽体位标准(二)：第二级 24 式(见图 8－5－4)。

图 8-5-4

全国健身瑜伽体位标准(三)：第三级 24 式(见图 8-5-5)。

图 8-5-5

全国健身瑜伽体位标准(四)：第四级 24 式(见图 8－5－6)。

图 8－5－6

全国健身瑜伽体位标准(五)：第五级(选修)12 式(见图 8－5－7)。

图 8－5－7

三、冥想

冥想是瑜伽中最珍贵的一项技法，是实现入定的途径。一切真实无讹的瑜伽冥想术的最终目的都在于把人引导到解脱的境界。一名练习瑜伽者通过瑜伽冥想来制服心灵(心思意念)，并超脱物质欲念。感受到和原始动因(The Original Cause 万源之源)直接沟通。瑜伽冥想的真义是把心、意、灵完全专注在原始之初之中。

冥想是一种对生命系统能量释放、重组、修复、优化的综合过程，经过冥想透彻洗礼之生命会更加平和与宁静，这对整个机体有着意义深远的作用，是难以用一两篇文章可以说得清的。简而言之，在宁静中，也只有在宁静中，才能达到自我实现。

下面为大家介绍常见的冥想方法。

(1)走动式冥想。动作分解：带着知觉感受当下迈出的脚步，当意识完全专注时，身心达到联结，喜悦、宁静由内而生。幻想在大自然中，身心很容易得到平静，一花一草都可以成为我们观和想的对象。停止所有思考，静静地观察花、草、树木、蓝天、白云……感觉自己与观想的对象完全融合为一体，享受大自然的能量。

(2)烛光冥想。功效：舒缓眼睛疲劳，促进眼睛周围血液循环、排除毒素、增强视力、使眼睛有神。提升专注能力，充分吸收烛光的能量，使内心光明自信，消除内心的恐惧，心灵更加平静。动作分解：选择自己舒适的坐姿坐在瑜伽垫上，挺直脊柱。先闭上眼睛，调整呼吸；放松全身，慢慢睁开双眼，视线由大腿慢慢向上。

(3)语音冥想。语音冥想又称曼特拉(Mantra)冥想。梵语词“曼特拉”可以分为两部分，即“曼”(man)和“特拉”(tra)。“曼”的意思是“心灵”。“特拉”的意思是“引开去”。因此，“曼特拉”的意思是能把人的心灵从其种种世俗的思想、忧虑、欲念、精神负担等引离开去的一组特殊语音。一个人只要把注意力集中在他的瑜伽语音上，就能逐渐超越愚昧无知，而处身在善良品质的高度上。从这一步，瑜伽冥想更往深处发展，逐渐演变为完美的禅，而最终进入人定状态。

四、瑜伽练习原则

(一)瑜伽练习的最佳时间：黎明和傍晚

清晨身体僵硬练习会有些困难，但是随着时间推移早晨精神振作，精神警醒可以帮助练习者更好地开始一天的工作。傍晚身体比早晨灵活，练习体式更容易，可以轻松消除一天的疲劳和紧张，使练习者更平静、平和。

(二)瑜伽练习的环境

瑜伽练习的环境应安静，温度应适宜。如果是在室内练习，应先通风换气，保证空气清新，以便静心和集中注意力。

(三)瑜伽练习的服装要求

瑜伽练习中，应选择宽松、柔软、舒展、容易撑拉的服装，严禁穿紧身内衣练习。在允许的环境中，赤脚练习最好。如果太冷可以穿袜子，不佩带任何饰品。

(四)瑜伽练习前的心理提示

将瑜伽当作令人快乐的事，放松心情，愉快地练习。不要一味追求高难度动作，不要强迫自己在短时间内达到演示者的水平。

(五)瑜伽练习的注意事项

(1)练习中要集中注意力，用心体会身体伸展时所产生的感觉，将意识放在自己动作的感觉上。

(2)一定要在极限的边缘温和地伸展身体，不要用力牵扯。

(3)如果练习和练习完之后发生抽筋或肌肉痉挛或某处感觉特别绷紧，要加以按摩。

(4)练习中出现体力不支或身体颤抖应立即收功还原，不要过于坚持。

(5)用鼻子呼吸，有助于气脉运行，另行规定除外。

(6)在每个练习中应缓慢，步骤分明，不要匆忙做完，不要使身体出现失控状态。

(7)年龄较大或者颈、背有严重损伤的人，应先征询医生的意见再决定是否做瑜伽练习。

(8)光脚练习时穿宽松有弹性的衣服，去除一切束缚。

(9)饭后如吃太饱，在饭后 3～4 小时后开始，一般饭后 1～2 小时，流食半小时后方可练习瑜伽。

(10)练习结束 45 分钟后洗澡，1 小时后吃饭(不绝对，半小时或 45 分钟均可)。

(11)清膀胱和胃。

(12)练习瑜伽不能代替医疗治疗。

(13)女性生理周期应根据自己体能做适当练习，但应避免倒立、伸展和挤压腹部的动作。

(14)练习时不要攀比，依自己的情况而定。

(15)产妇顺产的百天后根据自己的情况练习瑜伽，剖宫产半年后根据自己的情况练习瑜伽。哺乳期妇女不可以练习瑜伽。

五、瑜伽与健身

瑜伽练习，通过瑜伽呼吸法、体位法、冥想和放松术等的练习，可达到舒展筋骨、轻松身心、健美形体、通畅经络的独特效果。瑜伽练习可以让做完器械后的肌肉放松下来；可以改善人的体形，使之变得更为匀称；可以安静神经，减少疲劳感等。瑜伽的独特作用就在于，让人在不知不觉中保持优雅的身形、轻盈灵动的姿态，从而塑造自然、健康的身体。实践证明，有针对性地进行瑜伽练习，对塑造身体各个部位的完美体形具有良好效果。

第六节 排 舞

一、排舞运动概述

排舞(line dance)是一项音乐和固定舞步融合在一起，一人或多人通过风格各异的舞步循环，来愉悦身心的国际性体育运动。具有各国民间舞蹈的多元文化魅力，排舞已经风靡世界，受到不同国籍、性别及年龄人们的参与和喜爱。它对培养学生的音乐素养、提高其身体素质、了解世界文化、培养礼仪行为有重要的意义。

(一)排舞运动的起源

排舞最早萌芽于美国西部乡村民间社交舞。它来源于各国的民间舞蹈，是在古老的民间舞的基础上发展演变而成的。十一二世纪，欧洲一些国家将一些民间舞蹈加以提炼和规范，形成了“宫廷舞”，高雅繁杂，专供贵族习跳和欣赏，是贵族的特权。法国大革命后，宫廷解体，“宫廷舞”也进入了平民社会，成为社会中人人可舞的社交舞。

19 世纪初，由于美国的崛起，原来流行在欧洲的社交舞随着欧洲移民而传入美国。到了 20 世纪 50 年代，当时美国的很多电视台都播放了带有排舞特征的舞蹈节目，这些电视台的舞蹈节目主持人也帮助传播了早期的排舞概念。20 世纪 70 年代，随着多媒体音响技术的发明，迪斯科音乐再度在美国兴起，在迪斯科的舞台上，今天被称为“排舞”的舞蹈形式出现了。20 世纪 80 年代早期，随着西部乡村音乐在美国的大流行，为配合西部乡村音乐的传播，作为今天被接受的现代排舞真正诞生了。1980 年，一个叫吉姆的美国人根据西部乡村舞曲编排了一支排舞。这个起源于 20 世纪 40 年代大乐队音乐风格的排舞，是第一个被知晓的有设计编排舞步动作的排舞。

这一时期，还有许多排舞是配合当时一些其他流行音乐，例如摇滚音乐、流行歌曲和节奏布鲁斯曲风的音乐。

(二)我国排舞运动的兴起与发展

2008 年 8 月 8 日早晨 8 点 08 分，在天安门广场，800 名排舞爱好者身着奥运五环颜色 T 恤组成五个方阵，伴随着奥运主题歌曲《永远的朋友》《We Are Ready》，表演了具有中国特色的时尚“排舞”，以表达对北京奥运会的祝福。此次活动主要目的在于借助奥林匹克精神的感染力和北京奥运会的魅力，在 29 届奥运会开幕式当天，展示风靡全球的排舞运动。本次活动的成功举办，对我国排舞运动的开展具有里程碑的意义。

2013 年，全国排舞运动推广中心成立，首届“舞动中国—排舞联赛”总决赛开幕。2014 年总决赛上，由 13 个国家、13 个省、41 个城市、20 个民族的 25703 人创造了“最大规模的排舞”吉尼斯世界纪录。2015 年排舞总决赛首次融入排舞嘉年华因素，国际排舞大师现场互动教学，至 2017 年排舞总决赛“排舞科学论文报告会”首次举办，进一步推进了排舞的发展。2018 年，“中国杯”国际排舞公开赛首次举办，更具国际化的赛制，让优秀队伍直通“世界舞台”，代表中国，闪耀五大洲。2019 年，排舞在我国进一步创新发展，加入了民族、曳步舞两大舞蹈风格，总决赛开幕式上排舞八大风格首次亮相，特教组首次进入竞赛单元，成为关注的焦点。2020 年首次采用线上线下结合的竞赛方式，通过各界媒体平台直播，排舞爱好者累计观看直播数量达上千万次。八年来，已经有上亿人参加排舞健身活动。

二、排舞运动的分类和特点

(一)排舞运动的分类

1. 按照舞步组合结构分类

按照舞步组合结构可分为四大类。

(1)完整型排舞：不断重复固定的舞步组合。这种类型的排舞，无论是舞步动作，还是方向变化都较为简单，因此多数属于初级水平的排舞。

(2)组合型排舞：由两个或更多的舞步组合构成，而且每一舞步组合的节拍数不一定相同。这种类型的排舞，并不按照一定的规律进行循环，有些组合重复，有些组合并不一定进行重复。

(3)间奏型排舞：在固定的舞步组合外，还有一个或多个不一定相同的间奏舞步。间奏舞步一般不超过一个八拍。属于中等难度级别的排舞。

(4)表演型排舞：这种类型的排舞，舞步较复杂，并且没有固定的舞步组合，属于最高难度级别的排舞。

2. 按照舞步组合变化的方向分类

按照舞步组合变化的方向可分为四大类。

(1)一个方向的排舞：面向十二点一个方向跳完所有的舞步组合。

(2)两个方向的排舞：舞步组合结束后在相反方向又开始重复这一舞步组合。即面向十二点的舞步组合结束后，面向六点又开始重复这一舞步组合。

(3)三个方向的排舞：出现在间奏型排舞中。每完成一次舞步组合，都会按顺时针(或逆时针)进行变化，在第三次舞步组合结束后，由于音乐节奏的关系又会回到舞蹈的初始方向。

(4)四个方向的排舞：每完成一次舞步组合，都在一个新的方向开始动作。一般按顺时针方向变化，也可以按逆时针方向进行变化。

3. 按照音乐和舞蹈的风格分类

按照音乐和舞蹈的风格，排舞可发为八大类(表 8－6－1)。

表 8－6－1 按照音乐和舞蹈的风格可分为八大类

分类	说明	种类
升降起伏类(rise and fall)	一种运用升降和摆荡动作的舞蹈，强调重心的升降起伏	华尔兹(Waltz)
		维也纳华尔兹(Viennese Waltz)
		狐步舞(Foxtrot)
		快步舞(Quickstep)
律动/轻松活泼类(pulse/lilt)	一种运用脉冲运动的舞蹈，强调重心律动的舞种	波尔卡(Polka)
		东海岸摇摆(ECS)
		牛仔(Jive)
		桑巴(Samba)
平滑类(smooth)	一种用平滑动作跳的舞蹈，强调重心平移的舞种	西海岸摇摆(WCS)
		夜总会(Nightclub)
		探戈(Tango)

续表

分类	说明	种类
古巴类(cuban)	一种运用古巴动作的舞蹈，强调髋部运动的舞种	恰恰(Cha Cha)
		伦巴(Rumba)
		曼波(Mambo)
街舞类/放克类(street/funky)	一种展示步法和身体动作的舞蹈，强调手臂和腿部的弯曲、身体的拉伸和抖动的舞种	嘻哈(Hip Hop)
		霹雳舞(Breaking)
		机械舞(Popping)
		爵士(Jazz)
		锁舞(Locking)
舞台/新颖类(stage/novelty)	一种展示步法和身体的舞蹈，或同于百老汇、舞台秀的舞种	现代(Modern)
		抒情(Lyrical)
		芭蕾(Ballet)
民族舞类(folk dance)	泛指产生并流传于民间、受民俗文化制约，即兴表演但风格相对稳定，以自娱为主要功能的舞蹈形式	藏族
		蒙古族
		维吾尔族
		秧歌等
曳步舞类(shuffle dance)	一种以舞步变化为主要内容，一人或多人同时进行的健身舞蹈	—

(二) 排舞运动的特点

排舞运动能够迅速传播，相比其他健身项目，有其自身的独特价值和个性特点。

(1)文化的传承性与创新性。文化的传承与创新是文化发展的重要基础，从最初的方块舞、圆因舞、宫廷舞到现在的东方舞、爵士舞、街舞，再到现在流行的排舞，充分体现了排舞对舞蹈文化、民族文化、音乐文化、体育文化的继承、发展和创新。在多元文化交融与碰撞的背景下，逐渐形成了个性鲜明的排舞风格，而每一种风格也展现了不同地区和民族的文化风采。

(2)舞步的统一性与独特性。排舞是一项音乐和固定舞步融合在一起，根据不同的音乐元素来表现不同舞种风格特点的健身运动，排舞最突出的特点就是全世界每首曲目都有对应的舞谱，舞步完全统一，并且每个舞步都有独特的名称和节拍数，但对身体及手臂动作并无统一要求。

(3)音乐风格的流行性与时尚性。随着时代的发展，排舞融入了越来越多流行的舞蹈和音乐元素，特色的风格、多彩的旋律以及明朗的节奏等都具有丰富的艺术表现力，在多种舞蹈和音乐元素的不断组合、变化和创新之下形成了如今排舞曲目多元的风格与艺术特点。

(4)舞蹈元素的包容性与多样性。排舞作为一种国际性的健身舞蹈最早起源于西方国家，它的包容性极强，吸收了爱尔兰舞蹈、街舞、爵士舞、恰恰、牛仔、现代舞、华尔兹、拉丁舞等多种舞蹈元素，具有一定创编水平的排舞爱好者，通过多样的舞蹈元素进行组合与创新，结合自身特点，创编出各具特色的作品。由于全世界不同种族、地域环境的差异和民俗民风、人文历史等诸多因素的影响，排舞运动形成了多样的舞种风格，每种风格下都包含了相应特点的舞蹈种类，因此受到各年龄层次的追捧和喜爱。

(5)大众健身的艺术性与国际性。以艺术审美的方式进行娱乐和健身，提高人的艺术修养和意志品质，能够给排舞爱好者带来极大的美的享受。在信息化时代，排舞已成为一种国际化的舞蹈，风靡世界，全世界的排舞爱好者能够在国际排舞官方推广平台上进行交流学习。现成为不同国家、地区，男女老少都可以参与其中的一项具有自娱性、表演性和观赏性的健身舞蹈。

三、排舞运动基本术语及分类

排舞术语是排舞理论和技术等方面的专门用语。它以简明、扼要的词汇，准确而又形象地反映出排舞的舞步形式和技术特征。排舞术语是在排舞的演变和发展过程中不断完善的，它来自排舞实践又指导排舞实践，是排舞教学、交流不可缺少的工具。

(一)动作方向术语

动作方向是指人体或人体某一部分运动的指向或位置。为了正确地辨别身体方向和检查动作旋转的角度，方便理解和记忆套路动作，国际排舞协会规定以时钟的方向作为运动方向。

(1)时钟 12：00 钟方向：人体直立时胸部所对的方向。

(2)时钟 3:00 钟方向:人体直立时右肩所对的方向。

(3)时钟 9:00 钟方向:人体直立时左肩所对的方向。

(4)时钟 6:00 钟方向:人体直立时背部所对的方向。

(5)顺时针方向:按时钟的 12:00、3:00、6:00、9:00 钟方向依次完成动作的方法。

(6)逆时针方向:按时钟的 12:00、9:00、6:00、3:00 钟方向依次完成动作的方法。

(二)排舞动作术语(Standing Step)

排舞动作术语见表 8-6-2。

表 8-6-2 排舞动作术语

刷地/Brush/Scuff	退/Back	击掌/Clap	交叉/Cross	拖布/Drag
扇步/Heel Grind	进/Forward	轻弹小腿/Flick	跟弹/Heel Bounce	跟点/Heel Dig
跟磨/Heel Grind	跟开/Heel Split	跟拍/Heel Tap	顶髋/Hip Bump	抬/吸起/Hitch
停顿/Hold/Freeze	勾提/Hook	单足跳/Hop	跳/Jump	踢/Kick
提起/Lift	锁步/Lock	弓步/Lunge	点/Point	快速(进/出)/Pop(In/Out)
滚动/Roll	颤膝/Shaking knee	抖肩/Shimmy	滑冰步/Skate	滑步/Slide
重踏/Stomp	摇摆/Sway	扫步/Sweep	旋步/Swivel	踢踏步/Tap
触点/Touch	并步/Together	转/Turn	扭转/Twist	—

(三)排舞步伐术语(Traveling Step)(部分步伐)

排舞步伐术语(部分步伐)见表 8-6-3。

表 8-6-3 排舞步伐术语

编号	舞步名称	节拍	基本类型	舞步描述
1	跳 Jump	1	双脚跳 Jump	双脚同时起跳,双脚落地
			爵士跳 Jazz Jump	单脚起跳,双脚落地
		12	开合跳 Jump Jack	1. 双脚起跳,分开落地。2. 双脚起跳,并脚落地

续表

编号	舞步名称	节拍	基本类型	舞步描述
2	扇形步 Fan	12	脚尖扇形步 Toe Fan	1. 单脚尖向外(向内)平展。2. 脚尖还原
				1. 双脚尖向外(向内)平展。2. 脚尖还原
			脚跟扇形步 Heel Fan	1. 单脚跟向外(向内)平展。2. 脚跟还原
				1. 双脚跟向外(向内)平展。2. 脚跟还原
3	摇摆 Rock	12	前摇摆 Rock Forward	1. 右脚前进。2. 重心回左脚
			后摇摆 Rock Back	1. 右脚后退。2. 重心回左脚
			左/右摇摆 L/R Rock	1. 右脚向右一步。2. 重心回左脚
6	恰恰步 Cha Cha Cha Shuffle Chasse	1&2	左/右恰恰 L/R Chasse	1. 右脚向右一步 & 左脚并步。2. 右脚向右一步
7	海岸步 Coaster Step	1&2	左/右海岸步 L/R Coaster Step	1. 右脚后退 & 左脚并步。2. 右脚前进
			反向海岸步 Reverse Coaster	1. 右脚前进 & 左脚并步。2. 右脚后退
			海岸交叉步 Coaster Cross	1. 右脚后退 & 左脚并步。2. 右脚前交叉
8	踢换脚 Kick Ball Change	1&2	踢换脚 Kick Ball Change	1. 右脚踢 & 右脚还原。2. 左脚原地踏(点、侧点、前交叉等)
			踢侧开 Kick Out Out	1. 右脚踢 & 右脚向右一步。2. 左脚向左一步
9	曼波步 Mambo Step	1&2	前曼波 Forward Mambo	1. 右脚前进 & 重心回左脚。2. 右脚并步
			后曼波 Back Mambo	1. 右脚后退 & 重心回左脚。2. 右脚并步
			左/右曼波 L/R Mambo	1. 右脚向右一步 & 重心回左脚。2. 右脚并步
			曼波交叉步 Mambo Cross	1. 右脚向右一步 & 重心回左脚。2. 右脚前交叉
10	水手步 Sailor Step	1&2	左/右水手步 L/R Sailor Step	1. 右脚后交叉 & 左脚左踏。2. 右脚右踏
			水手交叉步 Sailor Cross	1. 右脚后交叉 & 左脚左踏。2. 右脚前交叉

(四)排舞转体术语(Turning Step)

排舞转体术语见表 8－6－4。

表 8－6－4　排舞转体术语

编号	舞步名称	节拍	基本类型	舞步描述
1	定轴转 Pivot Turn	12	1/4 定轴转 Pivot 1/4 Turn	1. 右脚前进。2. 左转 90°重心移到左脚
			1/2 定轴转 Pivot 1/2 Turn	1. 右脚前进。2. 左转 180°重心移到左脚
			3/4 定轴转 Pivot 3/4 Turn	1. 右脚前进。2. 左转 270°重心移到左脚
2	交叉转 Cross Unwind Turn	12	左/右叉转 L/R Cross Unwind Turn	1. 右脚前交叉。2. 左转 180°～360°
3	藤转 Rolling Vine	1—4	左/右藤转 L/R Rolling Vine	1. 右转 1/4 右脚进。2. 右转 1/2 左脚退。3. 右转 1/4 右脚向右一步。4. 右脚并脚(点、刷等)
4	蒙特利转 Monterey Turn	1—4	1/4 蒙特利转 Monterey 1/4 Turn	1. 右脚侧点。2. 右脚 1/4 右脚并步。3. 左脚侧点。4. 左脚并步
			1/2 蒙特利转 Monterey 1/2 Turn	1. 右脚侧点。2. 右脚 1/2 右脚并步。3. 左脚侧点。4. 左脚并步
5	划桨转 Paddle Turn	1—4	1/4 划桨转 Paddle 1/4 Turn	1. 右脚掌前点地，重心在左脚。2. 左转 1/8 重心放左脚。3. 右脚掌前点地，重心在左脚。4. 左转 1/8 重心放左脚
			1/2 划桨转 Paddle 1/2 Turn	1. 右脚进。2. 左转 1/4 重心放左脚。3. 右脚进。4. 左转 1/4 重心放左脚
6	三连步转 Triple	1&2	三步转 180—360 度 Triple 180—360 Turn	根据节拍，可以用右—左—右脚或左—右—左脚进行不同方向，不同角度的转动
7	全转 Full Turn	12	左/右全转 L/R Fwd. Full Turn	1. 右转 180°左脚进。2. 右转 180°右脚进
8	螺旋转 Spiral Turn	12	左/右螺旋转 L/R Spiral Turn	1. 右脚前进，以右脚为轴。2. 左脚 360°重心在右脚

思考题

1. 健美操的概念是什么?
2. 排舞运动的起源是什么?
3. 瑜伽练习的注意事项有哪些?
4. 体育舞蹈的特点有哪些?

参考文献

[1] 刘生彦．大学体育与健康教育教程[M]．西安：西安交通大学出版社，2019.

[2] 贾腊江．大学生健康促进与健康教育[M]．西安：陕西科学技术出版社，2018.

[3] 雷铭．健康管理概论[M]．北京：旅游教育出版社，2016.

[4] 田国祥，李斌，康彪．中国学校体育发展史[M]．兰州：甘肃人民出版社，2011.

[5] 于红霞，蔺新英．饮食营养与健康[M]．北京：中国轻工业出版社，2014.

[6] 中国疾病预防控制中心．新型冠状病毒感染的肺炎公众防护指南[M]．北京：人民卫生出版社，2020.

[7] 唐芹，刘忠杰．健康第一：从健康意识到健康习惯的培养[M]．北京：中国言实出版社，2017.

[8] 阎霞，王秀珍．健康体检与自我健康管理[M]．兰州：甘肃文化出版社，2012.

[9] 张延萍．当代大学生心理健康的发展特点和影响因素[J]．现代交际，2011(10)201.

[10] 刘云美，邓宇，周丹．大学生抑郁症的成因、干预及预防探究[J]．昭通学院学报，2019(2)：112－115.

[11] 杨建雄，谢丽娜．大学生焦虑问题与体育运动研究综述[J]．湖州师范学院学报，2006(2)：74－78.

[12] 屈睿．高职院校体育课安全教育和管理探析[J]．杨凌职业技术学院学报，2017(2).

[13] 杨建伟．计算机网络安全存在问题及其防范措施的探讨[J]．信息与电脑，2018(18).

[14] 毛振明．现代大学体育[M]．北京：教育科学出版社，2015.

[15] 刘海飙，吴升扣，吴海晶．八段锦五禽戏[M]．北京：化学工业出版社，2020.

[16] 王琳．青少年羽毛球运动从入门到精通[M]．北京：人民邮电出版社，2019.

[17] Tony Grice. 羽毛球运动从入门到精通[M]．北京：人民邮电出版社，2017.

[18] 中国羽毛球协会．羽毛球竞赛规则 2017[M]．北京：北京体育大学出版社，2017.

[19] 贾孟山．五子棋教程[M]．北京：北京读书堂国际文化发展有限公司，2015.

[20] 彭文君，马良，赵蓉．休闲娱乐运动[M]．北京：清华大学出版社，2015.

[21] 于川，刘君，吴秉铁．象棋入门一本就够[M]．北京：化学工业出版社，2016.

[22] 张伟．毽球运动实战[M]．北京：人民邮电出版社，2015.

[23] 冯志远．教你毽球壁球[M]．北京：辽海出版社，2010.

[24] 刘吉安，左宁宁．跳绳[M]．长春：吉林出版集团有限责任公司，2008.